北京体育大学2018年自主科研课题（编号2018TD003）

# 新时代以体育场馆服务业为主导的体育小镇培育模式研究

李艳丽　著

北京体育大学出版社

策划编辑　佟　晖
责任编辑　潘海英
责任校对　赵红霞
版式设计　博文宏图

**图书在版编目（CIP）数据**

新时代以体育场馆服务业为主导的体育小镇培育模式研究 / 李艳丽著. -- 北京 : 北京体育大学出版社, 2022.1

ISBN 978-7-5644-3507-3

Ⅰ. ①新… Ⅱ. ①李… Ⅲ. ①小城镇—体育事业—发展—研究—中国 Ⅳ. ①G812

中国版本图书馆CIP数据核字(2021)第257842号

**新时代以体育场馆服务业为主导的体育小镇培育模式研究**　　李艳丽　著

XINSHIDAI YI TIYU CHANGGUAN FUWU YE WEI ZHUDAO DE TIYU XIAOZHEN PEIYU MOSHI YANJIU

**出版发行**：北京体育大学出版社
**地　　址**：北京市海淀区农大南路 1 号院 2 号楼 2 层办公 B-212
**邮　　编**：100084
**网　　址**：http：//cbs.bsu.edu.cn
**发 行 部**：010-62989320
**邮 购 部**：北京体育大学出版社读者服务部 010-62989432
**印　　刷**：北京虎彩文化传播有限公司
**开　　本**：710 mm × 1000 mm　1/16
**成品尺寸**：170 mm × 240 mm
**印　　张**：5
**字　　数**：85 千字
**版　　次**：2022 年 1 月第 1 版
**印　　次**：2022 年 1 月第 1 次印刷
**定　　价**：60.00 元

（本书如有印装质量问题，请与出版社联系调换）

# 前　言

随着体育场馆服务业市场的快速扩容和体育场馆建设社会化趋势的增强，以体育场馆服务业为主导的体育小镇（以下简称“体育场馆小镇”）培育已成为新时代建设体育强国、加快新型城镇化、场馆服务业转型升级、场馆深化改革、体育精准脱贫的重要路径。然而，现阶段，体育场馆小镇培育的理论和实践都是盲区。本文以我国体育场馆小镇的培育模式为研究对象，在我国步入新时代的大背景下，对我国体育场馆小镇的基本理论、现状、存在的问题，国外体育场馆小镇案例，以及体育场馆小镇的培育模式和风险进行分析，力求将理论与实践紧密结合，为打破体育场馆运营改革的困境、挖掘体育场馆服务业潜力、提升体育特色小镇分类供给的有效性及加速体育产业供给侧结构性改革提供思路。

首先，本文系统地总结了我国体育场馆小镇的内涵、特征、构成要素、可行性与必要性，以及发展现状与存在的问题。依据住房和城乡建设部、国家发展和改革委员会、财政部联合发布的《关于开展特色小镇培育工作的通知》等文件精神，结合体育场馆服务业特征，本文明确了体育场馆小镇的内涵与外延；同时，依据我国体育场馆小镇的发展现状，分析了存在的问题。

其次，本文剖析了国外体育场馆小镇培育案例及经验。在国外，符合体育场馆小镇内涵和特征的案例大量存在。本文对美国列克星敦小镇、圆石滩高尔夫球小镇、太阳谷滑雪场小镇、芬兰罗瓦涅米小镇、奥地利基茨比厄尔滑雪小镇、加拿大惠斯勒小镇和班夫小镇等案例进行分析，总结了美国、加拿大和欧洲国家体育场馆小镇的培育经验，得到了一定的启示。

再次，本文在深度剖析国外体育场馆小镇案例的基础上，阐述了新时代我国体育场馆小镇的培育模式与机制，以期为体育场馆服务业实现产业升级、推进以场馆为抓手的新型城镇化建设提供有益的参考。

最后，本文提出了在新时代体育场馆小镇培育的过程中，设计阶段、建设阶段和运营阶段所面临的潜在风险及防范措施，以期为体育场馆小镇的培育模式、机制的推广和落地提供保护机制。

依据国家发展和改革委员会发布的《关于加快美丽特色小（城）镇建设的指导意见》，特色小（城）镇包括：特色小镇和特色小城镇。具体而言，特色小镇主要指聚焦特色产业和新兴产业，集聚发展要素，不同于行政建制镇和产业园区的创新创业平台，以产业为核心，以项目为载体，生产、生活、生态相互融合的一个特定区域；特色小城镇是指以传统行政区划为单元，特色产业鲜明、具有一定人口和经济规模的建制镇。为了对接国外研究和惯例，本文中的“体育场馆小镇”包含体育场馆小城镇和体育场馆小镇。

# CONTENTS 目录

# 1 导 言

## 1.1 研究背景与意义

2015 年 12 月，习近平总书记在中央财办报送的《浙江特色小镇调研报告》上做出重要指示，强调抓特色小镇、小镇建设大有可为。国家特色小镇的培育由此发端，现在，浙江省云栖小镇、梦想小镇已成为国家样板小镇。2016 年 7 月，住房和城乡建设部、国家发展和改革委员会、财政部联合发布的《关于开展特色小镇培育工作的通知》，成为国家特色小镇培育和申报的依据。2017 年全国两会上，特色小镇第一次被写进《政府工作报告》，特色小镇建设上升为国家战略，并作为新常态下区域经济转型升级的一种新现象和供给侧结构性改革的重大战略举措[1]。在国家政策的指引和推动下，体育概念的小镇培育工作日趋紧迫。2017 年 5 月，国家体育总局办公厅发布了《关于推动运动休闲特色小镇建设工作的通知》，并明确了“2017 年度运动休闲特色小镇”申报的基本原则和培育指标。综观国家级特色小镇和国家体育总局运动休闲特色小镇申报要求可知，产业特色是关键。

近年来，体育场馆服务业作为体育产业的子类之一，发展势头强劲。国家统计局、国家体育总局有关国家体育产业总产出和增加值的数据显示，2015 年体育场馆服务业占体育产业总产出和增加值的百分比分别为 5.0% 和 8.3%，位居体育服务业（除体育用品和相关产品制造、体育场地设施建设外的 9 大类）子类的第二位；2016 年其占体育产业总产出和增加值的百分比分别为 5.6% 和 8.8%，虽然排名较 2015 年没有变化，但占比有所提高。2011 年至今，体育场馆改革尤其是大型体育场馆改革，在分类改革的基础上，不断加快市场化步伐。无论是公益一类和公益二类的事业单位场馆，还是企业类场馆，都在管理机制和运行机制方面不断地尝试引入“市场之手”。但是，总体来看，体育场馆的发展并未跳出场馆本身。

体育场馆服务业的发展同样面临着深层次的问题，如存在体育场馆服务内容同质化、发展模式单一、规模不经济等诸多顽疾，从整体来看，体育场馆服务业水平不高、产业实力不强。我国体育场馆服务业发展的困境和体育小镇发展的社会需求为体育场馆小镇的培育提供了机遇。一般而言，体育场馆的产业化经营依靠具有国际竞争力的优质体育企业和知名的体育场馆品牌。传统的体育场馆发展模式既无法实现将体育场馆服务业做大做强，也不利于体育产业成为我国经济的支柱产业。在2018年全国体育产业发展大会上，国家体育总局对体育场馆深化改革做出新的指示：场馆运营既要改造功能，承载全民健身功能；又要改造体制，交由市场运作，带动竞赛表演业发展。在中国特色社会主义进入新时代的大背景下，经济发展新常态促使经济发展动力转向以体育产业为代表的新的增长点。体育场馆作为健康中国理念普及、大众健身休闲的重要载体，已成为新时代人们生活不可或缺的组成部分。同时，随着我国体育场馆深化改革的不断推进，体育场馆的运营改革进入了深水区和瓶颈期，亟须打破目前单一的发展模式。为满足人民日益增长的美好生活需要，以体育场馆服务业为主导的体育小镇的培育迫在眉睫。体育场馆小镇的培育可为优化体育产业结构、打破体育场馆运营改革困境、挖掘体育场馆服务业潜力、提高体育经济发展水平提供新的路径。

## 1.2 国内外研究文献综述

体育小镇是在新时代背景下我国体育产业供给侧结构性改革的重要手段，也是新型城镇化建设的“助推器”。目前，国内关于体育小镇的研究处于起步阶段，在实践探索和理论研究方面还不够深入。国内关于体育小镇的研究大致分为以下三个方面。

一是体育小镇概念界定及发展路径的相关研究。何春刚[2]阐述了体育小镇的概念、建设意义、政府在体育小镇建设中的职能及推进路径。研究认为，政府在建设体育小镇的过程中应该承担起顶层设计、资源要素保障、基础设施配套、组织协调监督等职能，并提出构建体育小镇建设的多元治理体系、建立以资源为导向的体育小镇特色定位、在体育政策引导下合理培育多元主体、建立体育小镇建设评价体系等建设路径。沈克印和杨毅然[3]探讨了体育小镇的本质内涵、价值作用及产业融合要素，并提出了一些方略和举措。司亮和王薇[4]运用马克思主义政治经济学的“空间的生产”理论对体育小镇空间生产的理论框架进行了解析，最终提出我国体育小镇建设中在政治上注重权力引导，在经济上引入社会资本，遵循资本循环逻辑，在社会上构建互动关系网络，在文化上促进空间人文消费的路径。吴立强[5]系统分析了我国体育小镇发展的特征，以体育学、产业经济学为理论基础，着重从产城融合背景提出体育小镇发展中存在的问题，并提出了改善对策和发展路径。

二是针对不同类型体育小镇展开论述，探讨其发展的内涵和路径等问题。张雷[6]认为，运动休闲特色小镇是新时代我国体育产业发展的新形态，以运动休闲为主导的特色产业，与旅游、健康、文化等关联产业融合发展的空间区域、全民健身发展平台和体育产业基地。运动休闲特色小镇从类型上可分为赛事型、培训型、娱乐型、健康型、智能制造型和文化民俗型六类。其发展路径的逻辑起点在于主导运动休闲特色产业的生产要素。张潇潇[7]基于“互联网+”视域下分析了运动休闲特色小镇的内涵、建设背景、意义和作用机制，并提出了建设“互联网+”体育小镇的可行性路径选择。王志文和沈克印[8]基于产业融合视角，概括了运动休闲特色小镇的发展概况，又以现有特色小镇建设的实践经验研究运动休闲特色小镇的形成动力与融合过程，并提出创新制度供给、完善相关体制机制、完善产业价值链、推动产城融合、创新小镇运营模式、提高企业创新能力等建设路径。王志华[9]在分析休闲体育小镇建设现状和存在问题的基础上，提出了休闲体育小镇规划和运营管理的对策。张立涛、周力坦和陈津[10]在“蔓藤城市”理念的指引下，探讨了延安新区冰雪运动小镇的建设。

三是有关国内外体育小镇建设经验及启示的研究。陈磊、陈元欣和张强[11]分析了河北崇礼太舞冰雪特色小镇、浙江宁海胡陈乡户外运动小镇的建设经验，并总结了国外部分体育小镇的建设经验，进而提出体育小镇建设路径。陈国强[12]对美国尤金、列克星敦、布鲁明顿 3 个体育小镇的历史发展、项目特色、文化传统、体育实践进行了研究，认为我国在体育小镇的推进过程中，要发挥比较优势，结合特色小镇体育特点和文化特色，精心培育，避免体育小镇的重复开发和资源的无效消耗。

国外体育小镇的发展与国内情况存在差异性，尤其是欧美国家，体育小镇的形成通常都有较长的历史，与居民的生活习惯、资源优势、传统文化、旅游等有着密切的联系。被世界誉为“滑雪胜地”的瑞士达沃斯小镇，19 世纪末建成欧洲最大的天然冰场及冰雪运动体育馆，每年都举办国际赛事；20 世纪末开始大力发展休闲旅游业，世界上的第一条雪橇道、第一条滑雪索道、第一个高尔夫球场均在这里建成。在达沃斯的滑雪场中，帕森地区是最大、最受欢迎的滑雪场，克罗斯特滑雪场是英国皇室的最爱。费德曼（Ferdmann）[13]、申克（Schenk）（1991）[14]、特里特（Triet）[15]、苏特（Suter）（1994）[16]就达沃斯小镇的发展和特征进行了研究和梳理。埃森（Esson）[17]阐述了美国太阳谷滑雪场小镇的发展历史，认为小镇的成功取决于以下三个方面：一是自然资源丰富、大众休闲需求增长与滑雪小镇产品供给丰富；二是依靠精准的营销策略留住滑雪消费者并满足滑雪消费者多样化的需求；三是太阳谷滑雪场小镇的发展与联邦政府、林务局的支持紧密相关。此外，埃森还分析了奥地利基茨比厄尔滑雪小镇的特色。奥地利基茨比厄尔滑雪小镇素有“阿尔卑斯山脉的珍珠”之称，是奥地利蒂罗尔最著名的度假胜地。蒂罗尔州州长长期致力于发展该州的旅游产业，并试图将基茨比厄尔打造成著名的冰球场。里克默斯（Rickmers）[18]记录了当时政府推广和发展基茨比厄尔滑雪小镇的整个过程。

综上所述，尽管国内外的学者就体育小镇问题已有探讨，但是，国内外体育产业的发展阶段不同，相对于体育产业较为成熟的国家而言，我国体育产业虽处于快速发展阶段，但整个产业仍不成熟。体育小镇特别是体育场馆小镇的理论体系尚未建立。已有研究仍然存在以下几点不足。一是我国关于体育小镇的内涵虽然已有初步的探讨，但是，从整体来看，概念比较笼统。尤其是体育小镇的培育决不能“一刀切”，基于体育产业的 11 个子类，分类研究体育小镇的建设与运营有其必要性。已有的研究集中在了体育小镇的范畴，然而，无论是基于国家政策层面还是地方政策层面，特色小镇的培育范畴不仅仅局限于此。因此，亟须基于主导产业分类来研究体育小镇的内涵和类型。二是就我国体育产业的子类而言，以何种子类作为主导产业培育体育小镇已成为新时代背景下体育产业发展亟待解决的重大议题。根据国家特色小镇培育要求和体育服务业发展的需要，位居我国体育服务业（除体育用品和相关产品制造、体育场地设施建设外的 9 大类）子类第二位的体育场馆服务业是否适宜作为主导产业培育成体育小镇亟待讨论。三是如果以体育场馆服务业为主导的体育小镇的培育有其必要性和可行性，那么，国外体育场馆小镇的发展经验对于我国体育场馆小镇的培育有何借鉴值得研究。四是在新时代背景下我国体育场馆小镇如何培育、如何进行机制设计需要做进一步的探讨。五是以体育场馆服务业为主导的体育小镇在培育过程中，面临的风险也是尚待解决的重要一环。总之，有关以体育场馆服务业为主导的特色小镇的内涵与特征、可行性和必要性、机制设计、风险等问题亟待解决。本文将针对以上5个方面展开研究。

## 1.3 研究思路与方法

### 1.3.1 研究思路

本文具体的研究思路见图1。

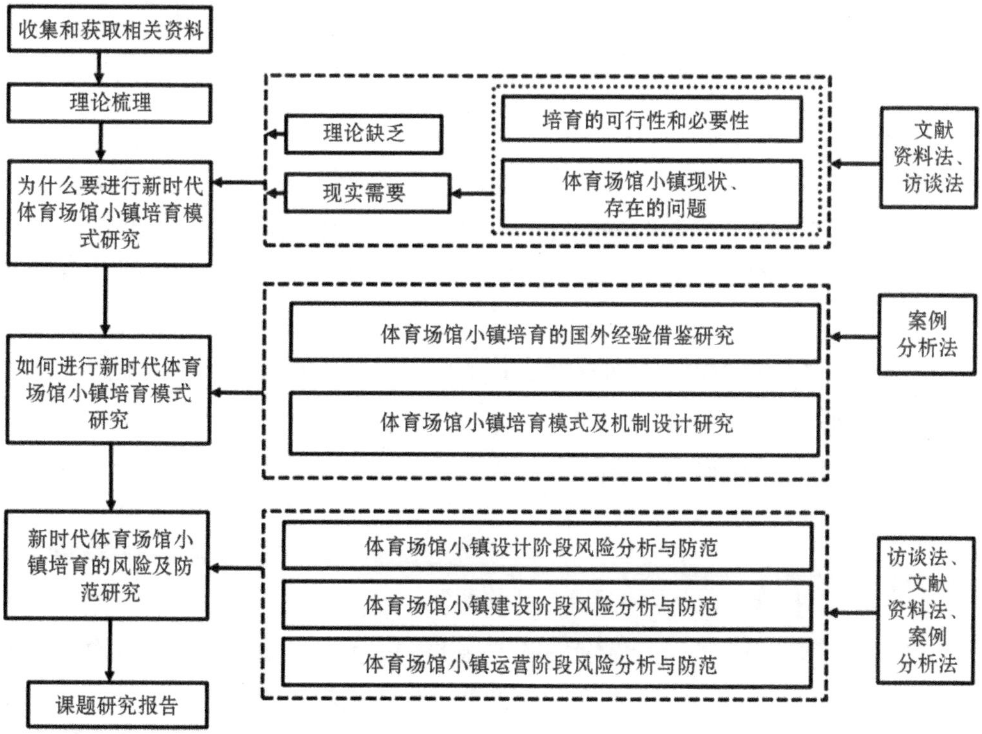


图1 研究思路

### 1.3.2 研究方法

#### 1.3.2.1 文献资料法

本文以“体育场馆”“特色小镇”“政府和社会资本合作模式”“winter resorts”“sports”“sports facilities”“sports stadia”为关键词，通过在中国知网数据库、爱思唯尔电子文献（Elsevier ScienceDirect）数据库、谷歌学术等网络平台，美国得克萨斯大学奥斯汀分校图书馆，以及国家体育总局、国家发展和改革委员会、财政部、住房和城乡建设部、政府与社会资本合作研究中心官方网站等检索1990—2019年的相关文献，将与本研究直接相关的文献作为参考资料。另外，查阅了与体育场馆、特色小镇、政府和社会资本合作等相关的文献和地方统计年鉴，并对资料进行了系统整理和分析。

#### 1.3.2.2 访谈法

本文对国内外小镇建设与运营方面的专家及小镇投资者、管理方、建设方等实务界人士就体育场馆小镇培育机制、制约因素、建设经验等问题进行访谈。

#### 1.3.2.3 案例分析法

本文选择了美国、欧洲部分国家、加拿大等国家的一些典型的体育小镇，尤其是以体育场馆服务业为主导的体育小镇的发展和运营案例，以“解剖麻雀”的方式，分析体育场馆小镇的运营模式、机制和培育风险，并进行一定的探索性研究，以期为我国体育场馆小镇的培育提供一些参考。美国太阳谷滑雪场小镇、奥地利基茨比厄尔滑雪小镇等国外体育小镇的发展案例为本文进行典型案例研究打下了坚实的基础。

## 1.4 研究的重点与创新点

### 1.4.1 研究的重点

#### 1.4.1.1 我国体育场馆小镇基本理论研究

自2014年起，体育小镇和体育服务业发展的一系列鼓励和扶持政策为培育体育场馆小镇提供了制度保障。随着体育产业的快速发展，体育概念的特色小镇悄然兴起，但是，尚处于初级发展阶段。同时，体育场馆深化改革取得的成果为培育体育场馆小镇提供了现实基础。但是，我国体育场馆服务业发展势头强劲的同时面临着发展模式单一、规模不经济等诸多顽疾。为了突破现有发展瓶颈，本文对体育场馆小镇的内涵、特征、构成要素、培育的可行性和必要性等基本理论和现实问题进行研究，并对我国体育场馆小镇运营的现状和存在的问题进行分析，以期为体育小镇建设提供理论支持，也为新时代体育场馆的创新发展探索新的路径。

#### 1.4.1.2 体育场馆小镇培育的国外经验借鉴研究

体育小镇已经成为新时代新型城镇化建设中最为突出的载体和呈现模式，也是新一轮城镇化的“综合实验区”。城镇化是体育小镇发展的重要因素。欧美等体育产业发达国家在城镇化进程方面较我国更早、城镇化率更高。在国外，承载和发挥着同样作用的体育度假村或著名的旅游胜地，类似于我国目前正在培育的体育小镇。研究并借鉴国外体育小镇的历史发展、培育模式、成长过程，对现阶段我国体育场馆小镇的建设和培育具有重要的意义。

#### 1.4.1.3 新时代体育场馆小镇培育的模式和运行机制研究

在我国经济发展新常态的大背景下，体育产业已成为经济发展新的增长点，成为满足人民日益增长的美好生活需要的新引擎。体育场馆服务业在发展的同时同样面临着深层次的问题，如体育场馆服务内容同质化、体育场馆服务业水平不高和产业实力不强等。体育场馆小镇将在很大程度上解决我国体育场馆服务业发展模式单一、规模不经济等诸多顽疾。那么，在新时代背景下，体育场馆小镇应该如何培育、培育的前提是什么，需要哪些运营机制以保障有潜力的地区或者正在培育中的小镇落地和可持续发展等问题值得研究，而这些问题的研究可以为体育场馆服务业的产业升级、以场馆为抓手的新型城镇化建设提供有益的参考。

#### 1.4.1.4 新时代体育场馆小镇培育的风险管理研究

体育场馆小镇的培育从设计、建设到运营各阶段都面临着风险。无论在哪个阶段出现风险，都会制约小镇培育工作的顺利开展。尤其是在体育小镇培育的初级阶段，国内并无经验可循，国外经验的借鉴也要视国情、区域经济发展、县情等因素综合考虑。因此，做好风险识别、风险控制和风险防范，以期达到体育场馆小镇培育的预期目标和效果，成为本文拟解决的关键问题之一。

### 1.4.2 研究的创新点

本文综合运用金融理论、区域经济学理论、体育经济学理论、产业经济学理论等相关理论，探讨在我国步入新时代的大背景下体育场馆小镇的培育问题；力求将理论与实践紧密结合，为保证体育小镇分类供给的有效性、更好地发挥市场在体育资源配置中的决定性作用、发挥体育场馆小镇在我国经济转型升级和促进体育产业供给侧结构性改革中的作用和功能，提供可行性的运营思路和措施。研究的深度、广度及系统性极大地丰富了体育小镇的研究，这是本文的一大特色。

本文的主要创新之处表现在以下几个方面。

#### 1.4.2.1 系统总结了体育场馆小镇现状与存在的问题，明确提出体育场馆小镇的基本理论

本文基于新时代背景下深化体育事业改革创新和形成体育产业新发展方式的历史机遇，以及体育场馆服务业转型升级和体育场馆深化改革的现实需求，对我国体育场馆小镇培育问题进行系统的、可操作的和具体化的研究。

#### 1.4.2.2 总结体育场馆小镇培育的国外经验

目前，就体育小镇的国外研究而言，有关体育小镇分类的相关研究极少。本文基于国外案例探索体育场馆小镇的形成机理和运营经验，以期为我国体育场馆小镇的培育提供启示。

#### 1.4.2.3 阐述新时代体育场馆小镇培育模式和机制

在结构上，体育场馆小镇是大城市的功能区；在区域空间上，体育场馆小镇是区域城镇体系的基本单元。在体育场馆小镇培育和运营过程中，如何确保其与所在大城市、区域城镇体系之间形成有机的耦合关系，成功培育各类体育场馆小镇；同时，对体育场馆小镇自身而言，如何在利益相关者各方信息不对称和信息分散的情况下，识别一种机制或一组机制来保证用最低的成本达到既定的培育目标，即实现资源的有效配置，是本文需深入研究的重要方面。

#### 1.4.2.4 设立新时代体育场馆小镇培育的风险管理机制

在我国经济新常态的大背景下，体育产业的过热投资在一定程度上导致了体育资本市场出现“泡沫”。体育场馆小镇作为一种全新的经济形态，本身投资的门槛较高、周期较长；同时，体育场馆小镇培育之初需要具有比较优势。基于以上几点，为打破体育场馆小镇培育所面临的现实困境，对其各阶段加强风险识别、风险控制与风险防范是当前学术界和实务界关注的焦点。本文深入研究了体育场

馆小镇培育中的风险诱因与防范措施，构建了“体育场馆小镇理论基础—体育场馆小镇现状与存在的问题—体育场馆小镇培育的国外经验借鉴—体育场馆小镇培育机制设计—体育场馆小镇培育的风险管理”完整的研究链条。

# 2 我国体育场馆小镇的基本理论、现状及存在的问题

对体育场馆小镇的内涵、特征、构成要素、培育的可行性和必要性、发展现状与存在的问题的梳理与探讨，是优化体育场馆小镇培育模式和机制的必经之路。体育场馆小镇的内涵、特征、构成要素、培育的可行性和必要性等基本理论是研究我国体育场馆小镇现状、存在的问题、培育模式和培育机制的逻辑起点。

## 2.1 体育场馆小镇的基本理论

### 2.1.1 内涵

以体育场馆服务业为主导的特色小镇（以下简称“体育场馆小镇”），分为体育场馆小城镇和体育场馆小镇两个层次，是将体育场馆或体育场馆小镇作为运营主体，以体育场馆服务业为主导，具有和谐宜居的美丽环境，能够彰显特色的传统文化，具有便捷、完善的设施和充满活力的体制机制的建制镇和不同于行政建制镇与产业园区的体育复合地域空间（或体育创新创业平台）。简而言之，体育场馆小镇就是在建制镇或复合地域空间中通过体育场馆服务业实现就地城镇化的产物。需要说明的是，根据《国家体育产业统计分类》标准，场馆服务包括体育场馆和其他体育场地（社区、公园、健身步道、多功能城市广场等运动场所）的管理服务。就体育场馆小镇而言，场馆服务业的范畴不仅包括场馆的日常维护、租赁服务管理，还包括由场馆运营者依托于场馆经营主体创办或主导的竞赛表演活动、体育培训、运动休闲活动、体育金融等各种服务内容。

### 2.1.2 特征

并非所有的体育场馆供给区域都能够成为体育场馆小镇建设的适宜地点。培育以体育场馆服务业为主导的体育小镇应具有以下两个特征。

一是依托体育场馆建设所形成的体育场馆服务业是体育场馆小镇经济发展的核心驱动力。体育场馆小镇的形成和发展依靠主导产业的牵引，其关键要素是在体育场馆硬件建设基础上的场馆服务业，而不是小镇中场馆设施的单一管理或作为小镇众多产业中的一种。但是，体育场馆小镇还需与相关的产业相结合，打造“体育场馆服务业 +”模式。

二是体育场馆小镇运营具有比较优势。体育场馆小镇的比较优势体现在资源优势、产业优势、环境优势和产品优势四个方面。

①资源优势是指体育场馆小镇在培育之前已具备了一定数量或质量的场馆资源或者培育启动阶段已有投资方愿意并能够生产一定数量或质量的场馆资源。就前者而言，在我国，既有隶属于省政府或省级体育行政部门的体育中心或奥体中心，又有隶属于区政府或县政府的体育中心，多为“一场两馆”[19]。集中供给的模式为场馆设施的空间集聚（复合地域空间的形成）提供了先天优势，也为体育场馆小镇的建设提供了天然资源。就后者而言，目前我国已有部分上市公司将业务拓展至体育小镇建设，如万科集团的松花湖度假区冰雪小镇、莱茵体育的桐庐·莱茵国际足球小镇、棕榈股份的贵安新区棕榈·西布朗足球小镇等。

②产业优势是指在某区域范围内体育已经成为人们的一种生活方式或者主要谋生的经济手段，相比于其他产业而言，该区域范围内体育场馆服务业提供的产品成本较低、产品质量较好，所占的市场份额较大。产业优势的衡量可以采用区位商指标，即某地区向全国输出的体育场馆产品价值比上该地区向全国输出的所有产品价值与全国市场中体育场馆产品输入总价值比上全国市场的总规模之比，若结果大于1，表示有优势，否则表示没有优势[20]。

③环境优势是指体育场馆小镇建设备选（潜在或可能）区域拥有良好的自然环境和人文环境，具有吸引已有或潜在的投资者和消费者的能力。例如，奥地利基茨比厄尔滑雪小镇产生之初，已有来自德国等地的旅游者来此休闲度假。

④依据产品空间理论[21-22]，产品优势是指体育场馆小镇提供的产品代表了一整套生产力，包括所需要的资源要素投入，以及相应组织机制与法律制度等外部

环境在内的全部生产条件的集合[23]。综上所述，就体育场馆小镇而言，并非要同时具备以上 4 个特征，只要具备其中一个特征或多个特征，就具有了对其进行打造的可能性。

### 2.1.3 构成要素

体育场馆小镇作为一个拥有承载多种功能的地域空间的运营主体，其构成要素涉及了方方面面，根据体育场馆小镇的定义和实践经验，将体育场馆小镇的构成要素分为外部资源要素、核心要素（体育场馆服务业）和融合产业要素。这些要素之间相互关联，奠定了体育场馆小镇发展的基础。

外部资源要素包含人口、环境、文化、创新、政策。人口规模是体育场馆小镇建设和发展的消费基础。体育场馆小镇强调通过体育场馆服务业实现就地城镇化，而城镇化的本质就是实现人口的城镇化。产业的集聚创造了众多的就业岗位，带来人口的集聚，而人口的集聚创造了特色地域文化，赋予了产业文化的内涵。良好的生态环境是体育场馆小镇可持续发展的保障，可以吸引高端人才和产业的集聚。文化是体育场馆小镇打造品牌的重要支撑，是体育场馆小镇发展的灵魂。产业集聚和人才集聚形成的体育场馆小镇需要建立共同的文化信仰，形成共同的文化纽带。创新是体育场馆小镇的重要驱动力，也是打造“体育场馆服务业 +”模式的关键。政策是创造良好的生产和生活环境、促进小镇产业发展、丰富和改善人民生活的重要保障。

核心要素，即体育场馆服务业，其构成要素包含多功能体育场馆供给、体育场馆服务企业、原创赛事活动等场馆服务产品和其他。首先，多功能体育场馆供给是体育场馆小镇的基本功能，也是开展各种场馆服务的物质载体。这里强调多种功能主要是考虑两方面的因素：一是体育场馆作为重资产，从价值工程的角度来说，其建设和运营的成本相对较高，为了充分发挥体育场馆的市场价值，必须拓展其功能；二是适应体育场馆供给侧结构性改革的需要，增加有效供给，进行多元化市场开发，满足不同细分市场人群的消费需求。其次，体育场馆服务企业是体育场馆服务的市场供给者，相比以往传统的事业单位运营场馆具有较高的积极性，可以敏感捕捉市场需求信号，为市场需求者提供精准的服务，让体育场馆资源要素在市场中充分流动，盘活体育场馆资源。最后，原创赛事活动等场馆服务产品是场馆服务的重要内容。根本原因在于体育场馆或体育场馆小镇是运营主体。在体育场馆小镇运营中还要与其他产业相结合，如旅游产业、冰雪产业、娱乐产业、康养医疗产业等，这样才能充分发挥体育场馆小镇的资源要素价值。

### 2.1.4 培育的可行性和必要性

#### 2.1.4.1 可行性

（1）国家政策驱动是培育体育场馆小镇的制度保障

体育小镇和体育服务业发展的一系列鼓励和扶持政策为培育体育场馆小镇提供了制度保障。首先，体育场馆小镇的发展得益于特色小镇的相关政策红利。《中华人民共和国国民经济和社会发展第十三个五年规划纲要》明确提出，要发展特色县域经济，加快培育小城市和特色小城镇。2016 年 7 月，住房和城乡建设部、国家发展和改革委员会、财政部联合发布的《关于开展特色小镇培育工作的通知》提出，到 2020 年，培育 1 000 个左右各具特色的小镇。住房和城乡建设部已经于 2016 年和 2017 年连续两年评选出国家级特色小镇。随后，国家体育总局办公厅发布了《关于推动运动休闲特色小镇建设工作的通知》并评选出第一批运动休闲特色小镇。与此同时，政府发布了一系列金融支持政策。例如，2016 年 10 月，住房和城乡建设部、中国农业发展银行发布《关于推进政策性金融支持小城镇建设的通知》；2017 年 1 月，国家发展和改革委员会、国家开发银行股份有限公司发布《关于开发性金融支持特色小（城）镇建设促进脱贫攻坚的意见》，住房和城乡建设部、国家开发银行股份有限公司发布《关于推进开发性金融支持小城镇建设的通知》；2017 年 4 月，住房和城乡建设部、中国建设银行发布《关于推进商业金融支持小镇建设的通知》。这些配套融资政策为特色小镇的培育提供资金支持。其次，以体育场馆服务业为主导的体育场馆小镇发展同样离不开体育服务业相关政策的支持。2015 年 11 月，国务院办公厅印发《关于加快发展生活性服务业促进消费结构升级的指导意见》，这是我国推动包含体育产业在内的有关生活性服务业发展的第一个全面、系统的政策性文件，标志着体育成为人们生活消费方式转变的重点领域之一。随后，《体育发展“十三五”规划》《体育产业发展“十三五”规划》《“健康中国 2030”规划纲要》《冰雪运动发展规划（2016—2025 年）》等文件对体育服务业、体育场馆服务业的发展都给予了政策支持。总之，政策的陆续出台和相关配套制度的完善，为体育场馆小镇的培育奠定了制度基础。

(2) 体育场馆深化改革取得的成果是培育体育场馆小镇的现实基础

体育场馆小镇培育的前提条件在于具备特色鲜明的主导产业。自 2011 年体育场馆改革伊始至今，其发展实现了从量变到质变的飞跃，呈现以下特征：其一，体育场馆分类改革稳步推进，企业类场馆数量不断增长。第六次全国体育场地普查数据显示，我国企业类场馆的数量已超过 14 万个。其二，体育场馆市场化改革不断深入，社会资本大量涌入，运营机制不断创新。一方面，截至 2017 年，从事体育场馆设施建设和体育场馆服务的挂牌“新三板”的体育场馆企业有 10 家左右[24]；另一方面，2014—2017 年，由财政部立项的政府和社会资本合作示范项目中体育场馆类有 8 项（不含 2014 年立项后撤销的青岛体育中心建设项目），包括盘锦市体育中心、周口市游泳馆、六安市体育中心、青岛市民健身中心、黄石奥林匹克体育中心、云南省腾冲市全域旅游国际户外运动文化中心、云南省丽江市云南高原训练基地丽江游泳馆建设项目和青海省西宁市瑞景河畔家园全民健身中心建设项目。其三，体育场馆业尤其是体育场馆服务业的快速发展为体育场馆小镇的建设和运营奠定了良好的产业基础。国家统计局发布的 2016 年国家体育产业总产出和增加值的数据显示，2016 年体育场馆服务业的总产出和增加值分别为 1 072. 1亿元和 567. 6 亿元，位居体育服务业子类的第二位[25]，且 2017 年仍然位居第二位。综上所述，体育场馆深化改革取得的成果是培育体育场馆小镇的现实基础。

(3) 多元化的社会需求是培育体育场馆小镇的牵引力

培育体育场馆小镇的牵引力源于多元化的社会需求。首先，体育场馆小镇是全民健身发展的载体。全民健身已经成为人民日益增长的美好生活需要的重要组成部分。体育场馆小镇作为体育服务综合体不仅能够提供优质的冰雪、足球、篮球等运动的体育场地设施，还能够融合体育、旅游、养老、康复、传统文化等多重元素，从而为消费者提供引领健康生活方式的全新平台，发挥其在提高人民健康水平、推动体育经济发展、解决新时代社会主要矛盾等方面重要的功能与价值。其次，体育场馆小镇是非体育企业战略转型、与体育产业对接的落脚点。中国经济新常态已经成为指引中国经济增长的重要标尺，要适应中国经济新常态的发展，核心就是产业结构的调整与升级[26]。例如，拥有地产开发、文化旅游和金融资本三大业务板块的大型优势资源整合商、发展商、投资商、运营商——东胜集团与北京体育大学携手助力区域经济发展，在张家口市宣化区、沽源县打造东胜体育小镇。最后，体育场馆小镇是体育场馆类企业市场扩张的需要。体育场馆业的产业绩效与体育场馆类企业的市场行为密不可分。我国体育场馆业内企业从无到有，不断做大做强。例如，华体集团有限公司是一家覆盖体育设施建设全产业链的国有企业，多年来业务不断延伸，产业链不断优化，逐步形成了以体育设施建设、体育场馆运营与体育赛事组织管理、体育彩票专业服务、体育地产、资产管理与新业务孵化的产业格局。2017 年 6 月，所属的北京建宇工程管理股份有限公司在“新三板”正式挂牌，从事实体场馆经营服务、体育产业规划咨询服务和体育赛事顾问服务。2017 年，华体集团有限公司借助华体电竞馆“1110 合作计划”（未来 3 ~5年联合地方政府、投资机构及各类企业，在全国投资建设、合作运营 10 个专业电竞馆、100 个标准电竞馆、1 000 个以上的基础电竞场馆）将业务拓展至电竞小镇的建设与运营。此外，莱茵体育是积极投资布局体育小镇的典型企业，旗下投资运营的小镇包括桐庐 · 莱茵国际足球小镇、中国 · 黄山“国际户外运动基地”、江西葛仙山运动休闲小镇。

#### 2. 1. 4. 2　*必要性*

（1）体育场馆小镇是新时代新型城镇化建设的助推器

《国家新型城镇化规划（2014—2020 年)》的发布，标志着我国城镇化发展的重大转型。新型城镇化将成为我国推进城乡发展一体化、推进经济社会发展的重要动力之一。特色小镇已经成为现阶段新型城镇化建设中最为突出的载体和呈现模式，也是新一轮城镇化的“综合实验区”[27]。体育场馆小镇就是在建制镇或复合地域空间中通过体育场馆服务业实现就地城镇化的产物。根据《第六次全国体育场地普查数据公报》显示，截至 2013 年 12 月 31 日，全国共有体育场地 169. 46 万个，分布在城镇的体育场地数量占总量的 58. 61%，乡村的体育场地数量占总量的 41. 39%。这为培育体育场馆小镇奠定了良好的硬件基础。随着《“健康中国 2030”规划纲要》的发布与实施，进一步奠定了体育场馆蓬勃发展的态势：一是城镇公共体育场地设施无论是种类还是面积均将迅速增长；二是伴随健身休闲运动产业的发展，与之相配套的体育场馆设施将相继建成。因此，体育场馆小镇有望成为区域经济发展新的增长极，从而促进区域城乡协调发展，一定程度上有利于发挥体育在脱贫攻坚中的作用，降低城乡居民供需的差异性。

（2）体育场馆小镇是新时代体育产业供给侧结构性改革的发力点

体育产业供给侧结构性改革的实质在于，基于供给视角，以市场为导向增加体育资源配置活力，通过改革和创新的方式来解决体育产业和体育经济发展中的结构性问题，以增加有效供给[28-29]。体育场馆作为我国体育产业的重要物质基础和发展载体，其数量、规模、布局及运营管理水平等，不仅反映了我国体育产业的经济地位和发展质量，更代表了经济社会发展的综合水平和人民的生活质量[30]。但是，体育场馆服务业自身的发展同样面临着深层次的问题，如体育场馆服务内容同质化、体育场馆服务业水平不高和体育产业实力不强等。体育场馆小镇将在很大程度上解决我国体育场馆服务业发展模式单一、规模不经济等诸多顽疾，成为体育产业在经济新常态下供给侧结构性改革的发力点，为我国体育产业转变发展方式、优化产业结构提供新的途径，并提供更好的体育服务和体育产品[31]。

（3）体育场馆小镇是新时代体育场馆创新发展方式的新路径

2011 年至今，体育场馆改革尤其是大型体育场馆改革，在分类改革的基础上，不断加快市场化步伐。无论是公益一类和公益二类的事业单位场馆，还是企业类场馆，都不断地在管理机制和运行机制方面尝试引入“市场之手”。但是，总体来看，体育场馆的发展并未跳出场馆本身。一般而言，体育场馆的产业化依靠具有国际竞争力的优质体育企业和知名的体育场馆品牌[32]。传统的体育场馆发展模式，既无法实现体育场馆服务业做大做强，也不利于体育产业成为我国经济的支柱产业。在 2018 年全国体育产业发展大会上，国家体育总局对场馆深化改革做出新的指导，场馆运营既要改造功能，承载全民健身功能，又要改造体制，交由市场运作，带动竞赛表演业发展。体育场馆小镇作为体育服务综合体的表现形式之一，集聚了体育场馆服务业和其他配套产业，从而为实现体育场馆产品创新提供了路径，也为体育场馆服务业的跨界融合提供了前提条件。

## 2.2 体育场馆小镇的现状

2017 年，国家体育总局办公厅印发了《关于推动运动休闲特色小镇建设工作的通知》，随后，国家体育总局公布了首批 96 个体育小镇试点名单。在地方体育产业发展过程中，江苏、浙江等地已经率先进行了体育小镇的探索。京津冀地区也借着 2022 年冬季奥运会的契机，着力打造冰雪特色小镇。目前，我国以体育场馆服务业为主导产业的体育场馆小镇并不多见，体育场馆服务业在城市中多集中在省、市、区的体育中心、体育公园或体育综合体附近，如五棵松体育中心、上海万国体育中心，这些区域既有专业的可承办赛事的体育场馆、群众性的体育文化设施，又有各种商业服务设施。从体育场馆服务业的角度来说，该区域的体育场馆服务业发展比较充分，体育场馆的市场开发程度较高，是我们追求的一种体育场馆服务业的发展状态；但从体育场馆小镇的角度来说，这些区域无论是从区域空间布局还是产业发展方式上都不能成为真正意义上的体育场馆小镇。

目前，我国体育小镇既有和旅游相结合而发展的以休闲旅游服务为主的体育休闲型特色小镇，如河南·嵩皇体育小镇；又有依托体育赛事而发展的赛事型特色小镇，如杭州·百丈时尚体育小镇；也有体育场馆服务业，毕竟体育活动总是依托体育场馆来进行，但是体育场馆服务业相比于体育旅游业和竞赛表演业来说只是作为一种必要的配套服务存在，没能成为体育小镇的主导产业。因此，这些体育小镇也不能被称为真正意义上的体育场馆小镇。

以体育场馆服务业为主导的体育小镇，首先需要明确的是，体育场馆或体育场馆小镇是运营主体，由其输出体育场馆服务产品。对于体育场馆小镇而言，需要一定的场馆资源。如果运动项目对场地要求较高，如蹦极、攀岩、冲浪等极限运动，航空运动，高尔夫球运动和冰雪运动，那么这些运动项目的场地往往是依靠优越的地理位置和气候，由此，更容易将体育场馆服务业作为主导产业。例如，新西兰的皇后镇，地处南阿尔卑斯山区，瓦卡蒂普湖的北岸，依山傍水，海拔约为 366. 37 米，据此地形开展户外运动，被称为“新西兰最著名的户外活动天堂”。山东临沂费县许家崖航空运动小镇和浙江嘉兴平湖市九龙山航空运动小镇，凭借其独有的航空飞行营地，为航空飞行爱好者提供场地服务，开发各种航空旅游项目。需要强调的是，体育场馆小镇的运营主体在于场馆。

从体育场馆小镇的内涵和特征出发，在已有的在建的小镇中，冰雪运动小镇是体育场馆小镇的主要发展载体。目前，我国的滑雪场地主要集中在东北、华北和西北地区。2018 年国内滑雪场新增 30 多家，总数达到 742 家，相比于 2017 年增幅 5. 55%[33]。以河北张家口为例，特别是张家口崇礼地区，冬季雪期较长，每年的 10 月便有降雪，雪季一直持续到次年的 4 月初，冬季平均气温在零下 12 摄氏度，相比于北京地区要低 10 摄氏度左右。因此，该地区相比于华北其他地区具有降雪早、积雪厚和雪期长的特点。而且，该地区地处燕山山脉和太行山山脉的交汇处，区域内山地连绵，地势落差较大，坡度大多在 6 度到 30 度之间；森林覆盖率高，拥有多座高海拔山峰，因此该地区具有得天独厚的滑雪资源，被誉为“华北地区最理想的天然滑雪区域”。同时，张家口作为北京 2022 年冬季奥运会的联合申办城市，借此契机，正在积极推广冰雪运动，发展冰雪产业，到 2025 年预计要建成冰雪特色小镇 20 个以上[34]。例如，位于张家口崇礼地区的太舞滑雪小镇，四季分明，四季都拥有不同的体验。小镇全年都对外开放，冬季有高山滑雪、越野滑雪、冬令营等项目；非雪季有户外山地娱乐项目，包括山地自行车、山地卡丁车、徒步、攀岩、夏令营、定向越野等；小镇还有不同级别的酒店、山地温泉、KTV、小剧院、商街、餐饮等配套设施[35]。该小镇是由太舞旅游度假有限公司投资兴建，总占地面积达 40 平方千米，投资总额超过 200 亿元。由加拿大“ECO-SIGN”公司（5 届冬季奥运会场地的设计公司）整体规划，由世界著名的滑雪度假管理集团 CDA（2014 年索契冬季奥运会指定服务商）参与雪场的运营管理。同样位于崇礼的富龙 · 四季度假小镇，它是富龙控股打造的占地 12 平方千米，融休闲娱乐、运动养生、家庭度假、养老居住、儿童成长为一体的全家庭四季山丘度假地，其中规划建设 80 万平方米的滑雪场、6 大酒店集群、2. 6 万平方米小镇中心商业街、40 万平方米花海、4. 8 万平方米温泉中心、咖啡厅、缤纷四季的艺术盛宴及国际教育资源等全家度假生活体验[36]。这里为消费者带来了春季赏花、夏季避暑、秋季攀岩、冬季滑雪的丰富度假体验。富龙 · 四季度假小镇的模式对受季节影响的冰雪场馆服务业具有较高的借鉴意义。其中，酒店群包括富龙国际度假酒店和温泉酒店，聘请国际专业管理团队进行科学严谨的规划，打造了不同主题，拥有多种功能，是集餐饮、会议、休闲娱乐、健康养生等多种服务于一体的酒店服务群，能够满足不同消费者的消费需求，特别是面对临近其他区域酒店和滑雪场同质化竞争的局面，富龙将该地区的温泉这一独特优势充分发挥出来，实现了“滑雪 + 温泉”的组合，规划了多种主题的温泉酒店，为顾客带去了更好的度假体验。富龙 · 四季度假小镇的商业街依托中心湖而建，不仅提供了基本的生活服务，还提供了娱乐、民俗、艺术、养老等多种服务。富龙 · 四季度假小镇的房地产项目包括汤山村别墅和养老住宅，在别墅的规划建设中发挥该地区温泉、山地、冰雪优势，打造了顶级的休闲度假体系，并且与国外著名的养老医疗机构合作，建设高端养生养老社区。富龙 · 四季度假小镇也同多家旅行社和知名物业机构合作，为业主提供一站式的度假生活服务。富龙·四季度假小镇的滑雪场充分利用了冬季奥运会、温泉等优势来实现差异化经营，即冬季可以滑雪，夏季可以开展各种户外运动，完善了滑雪者和教练的培训体系。富龙·四季度假小镇还打造了雪地音乐节、滑雪赛事、冰雪嘉年华、雪地圣诞节、冬令营等产品体系，形成了著名的旅游品牌。

目前正在建设的崇礼太子城冰雪小镇，是由崇礼区政府与张家口太舞旅游度假有限公司、中赫置地有限公司、北京首都开发控股（集团）有限公司合作和共同开发的项目，占地面积为2.89平方千米，总投资为85亿元。崇礼太子城冰雪小镇是2022年冬季奥运会的重要配套场地，未来将作为冬奥核心区，国际冰雪赛事和国家冰雪运动推广基地。崇礼太子城冰雪小镇的核心区域有三大功能区：一是会展酒店组团，规划建设了可以承办世界级论坛、会议的会展中心和高端酒店，兼顾了奥运会后的可持续运营；二是文化创意商业街，规划设计了不同主题的商业街区、酒吧、民宿酒店、主题儿童乐园和运动体验中心，具有浓厚的冰雪文化和冬奥文化氛围；三是作为奥运期间的高规格贵宾接待的国宾山庄，赛后将按照实际需求进行开发。

## 2.3　体育场馆小镇存在的问题

截至2018年年底，体育小镇的试点工作已初见成效，但部分项目建设也出现了一系列的问题，国家体育总局办公厅随后发布了《关于推进运动休闲特色小镇健康发展的通知》，要求各相关部门做出科学规划，坚持高质量发展。我国体育场馆小镇在建设的过程中同样也会面临一些普遍性问题，在体育场馆管理过程中会遇到特殊的“瓶颈”。

### 2.3.1　服务供给内容不足

我国体育场馆小镇服务供给内容较为单一。例如，我国冰雪运动场馆服务业，由于我国开展冰雪运动的大部分地区四季分明，雪期较短，大多数的滑雪场地只在冬季提供各种滑雪运动服务，而在非冬季大都处于歇业状态或只提供简单的野营、徒步等户外运动，这种低价值的活动类型，导致大片的场地闲置，造成了资源的浪费；对于场地的经营者来说也增加了财务风险。一些专门用来提供户外运动的活动场地，如健身步道、自行车赛道等，由于创新不足，服务内容简单，与普通的运动场地并无太大区别，很难激起消费者的消费欲望，无法在消费者心中形成“非此地而不来”的观念。总之，服务功能的单一是造成服务价值较低的重要因素，同时也无法形成市场竞争力，产业集聚更无从谈起，体育场馆小镇的发展也就失去了基础。

### 2.3.2 文化底蕴不足，缺乏内涵

特色小镇是一种创新的经济模式，与传统的因血缘或地缘文化而形成的乡镇村落相比，特色小镇内部的各个行为主体之间因不同的目标和利益诉求集聚在一起，但社会关系断裂，相互之间缺乏共同的精神纽带[37]。在现有的大部分体育场馆小镇的规划建设中，人们仍然只考虑经济价值，过分注重经济功能区域的划分而忽视了文化的挖掘和建设，也没有与当地居民的生活融合，以至于造成了外来产业、就业人员与当地居民无意识的社会隔离，没有形成共同的文化认同[38]。以冰雪运动场馆服务为例，大部分滑雪场地的建设和服务往往是注意到了当地得天独厚的地理位置，进而进行一系列的市场开发，没有动员当地居民共同参与到小镇的建设中，没有与地域冰雪文化联系起来，缺乏像河北张家口地区一样因冬奥文化而形成的群众参与冰雪运动的氛围，因此难以形成独特的品牌形象。

### 2.3.3 同质化严重，特色不突出

体育场馆小镇在建设过程中，虽然是以体育场馆服务业为主导产业，但其特色之处还应该从当地的实际出发，与当地的地理优势、产业特色、文化特色结合起来；然而在实际的建设规划过程中，模仿照搬其他体育小镇的方式仍然存在，运动场地设施简单堆砌，体育场馆服务在面向市场过程中不能做到较为精准的市场细分和市场定位，忽视了消费者需求的差异性，提供的服务同质化严重。例如，强调体育旅游功能的特色小镇建设的比例超过40%，而通过对比发现，体育旅游的项目基本上都停留在露营、垂钓、瑜伽、攀岩、徒步、自行车及水上乐园等休闲体验项目上[39]。从国家体育总局公布的96个运动休闲特色小镇试点的名单中可以看出，多数是以“地名+运动休闲特色小镇”这样的方式来命名的，如门头沟区王平镇运动休闲特色小镇、张家口市蔚县运动休闲特色小镇等。然而，根据当地的产业特色或项目特色来命名的体育小镇却少之又少，这从侧面也反映出大多数体育小镇的特色并不突出。

### 2.3.4 场馆市场开发程度低，运营负担重

由于我国大多数体育场馆都是由政府主导投资建设的，承担着重要的公共服

务职能，而且受行政事业单位体制机制的影响，场馆运营积极性不高，市场开发程度低，如在场馆无形资产开发的部分，发达国家的大型体育场馆收入的75%来源于无形资产开发[40]，而我国除了鸟巢、水立方、五棵松等体育场馆，其他的大型体育场馆的无形资产开发大都处于待开发阶段。在我国，大众体育消费水平相对较低，群众付费参与体育活动的观念尚未形成，而在体育场馆服务方的服务内容又过于单一的情况下，体育场馆服务业的盈利能力有限。我国大部分体育场馆的税收负担较重，如台球、高尔夫球、保龄球场的营业税归入娱乐业税目，按照5%～20%的税率征税，高于文化体育业营业税3%的税率。除此之外，体育场馆的水、电、气、暖等能源费用支出大，因此体育场馆总体运营成本较高，体育场馆服务面临较大的压力。以滑雪场地服务为例，华北地区的大部分滑雪场地只有冬季营业，然而冬季降雪较少，需要人工造雪，而政策规定的滑雪场用水价格较高，使滑雪场地运营成本居高不下。

### 2.3.5 产业供给与市场需求错位

产业供给与市场需求错位主要体现在：一是在建设过程中忽视社区居住功能，走入了产业园建设的误区，一味地强调产业聚集，即当地主管部门更注重产业相较于居住带来的更多的税收利益，而忽视小镇的居住功能，无法吸引人们居住和消费，也不能满足当地居民的消费需求；二是部分小镇仅注重房地产项目的开发和建设，忽视当地经济发展的实际状况，忽视了户外运动、休闲旅游、健康养生等功能的深度开发，体育场馆服务供给很难得到持续的价值回报；三是体育场馆小镇服务供给单一、供给质量不高，场馆市场开发不足，产业特色不突出等。综上所述，目前，体育场馆小镇的建设和运营并不能很好地满足人民群众日益多样化的体育场馆服务需求，这也是普遍存在于我国体育小镇中的主要问题。

# 3 国外体育场馆小镇案例分析

在国外，符合体育场馆小镇内涵和特征的案例大量存在。由此可见，我国体育场馆小镇的培育是有国外的经验可循的。同时，国外具有同等属性和特征的体育小镇的培育模式和机制也为我国体育场馆小镇的建设提供了参考。

## 3.1 美国体育场馆小镇

### 3.1.1 列克星敦小镇

列克星敦位于肯塔基州草原的中心地带，该地区以其肥沃的土壤、优良的牧场和马而闻名。18 世纪起列克星敦的养马业逐渐繁荣，当地马以骨骼健壮、耐力久而著称。随之和马相关的产业逐渐发展起来，包括马的养殖、交易、检疫、拍卖等分支行业。同时，马术和赛马的竞赛组织、硬件设施、博物馆也开始建立，相关的马场、展览馆、赛道逐步完善。这座城市也被贴上了“马的首都”的标签。列克星敦和马术、赛马相关的地标性建筑主要有 3 个：红色英里赛道（The Red Mile Course）、基恩兰赛道（Keeneland Race Course）和肯塔基马术公园（Kentucky Horse Park）。

#### 3.1.1.1 红色英里赛道[41]

这条赛道创建于 1875 年 9 月 28 日，由肯塔基州快马育种协会赞助，是世界上第二古老的马具赛道，也是列克星敦最古老的赛马赛道，经常举办轻驾车比赛。跑道本身有 1 英里（1 英里≈1.61 千米）长，由红黏土制成，由此得名。赛道边上有一幢 2 层小楼，在比赛时可以用作观礼台和主席台，平时作为俱乐部和会员聚会场所。2014 年，基恩兰公司投资建造了一个价值 3 000 万美元的传统赛马设施。2015 年，基恩兰公司再次投资逾 200 万美元升级红色英里赛道的看台区。翻新和扩建后的项目运营，为消费者提供了 3 种体育博彩体验：模拟赛事、现场比赛和传统比赛。红色英里赛道是一年一度的肯塔基州赛马（美国三冠王站之一）的举办地。

自2017年以来，美国平跑道摩托车赛在红色英里赛道的淡季举行。红色英里赛道自创建起就由红色英里（Red Mile）公司运营管理。该公司以赛事为中心开展终端游戏、体育博彩、赛事、餐饮、休闲活动等业务（表1）。

**表1 红色英里赛道提供的服务**

| 类型 | 内容 |
|---|---|
| 游戏 | 年满21周岁的玩家可凭有效身份证明办理赢家圈卡，注册加入赢家圈俱乐部。玩家可使用自己的赢家圈卡访问玩家服务中心。玩牌可以积分，积分可以享受免费游戏、餐饮、酒店住宿和社区津贴（在合作的当地企业中获得折扣）。另外，每月会收到邮件接收优惠和免费玩牌信息。 |
| 体育博彩 | 红色英里投注楼全年开放。其支持以现金、支票、汇票以及电汇存入下注竞赛账户的方式进行投注。模式分为外来赌注、净池定价、放置和显示池等。其中，外来赌注相对于直接下注胜率更低，需要提前设置障碍，且潜在支出要多。净池定价是通过将获胜赌注的净额（而非标准定价中的总额）除以净池来计算支出，该过程根据当地佣金率对赌注进行加权，且佣金率（外卖）越高，价格越低。例如，100美元的赌注，17%的当地佣金率（83美元）将略高于18%的佣金率（82美元）。在放置和显示池的标准模式下，如果所有地区使用相同的提取率，那么对于大多数池和支出来说，价格将是相同的。 |
| 赛事 | 红色英里赛道的比赛季节从7月开始，到10月结束。红色英里赛道的比赛以肯塔基赛马赌注开始，在超级之夜以超过200万美元的奖金落幕。在赛车赛季的最后两周，大赛道巡回赛会在列克星敦进行。标准繁殖赛马的精英们在肯塔基赛马等比赛中亮相。肯塔基赛马是美国三冠王的第三颗宝石。在这两周的时间里，消费者将体验到国际种马赌注、蓝草系列和格伦·加尼西的刺激。 |

续表

| 类型 | 内容 |
| --- | --- |
| 餐饮 | 弗兰基酒吧和烧烤店［提供午餐、晚餐和深夜菜单项。客人可以从全套服务的酒吧点一杯饮料，或者大吃一顿早餐：三明治（熟食三明治）、开胃菜、新鲜烤汉堡、烤饼、比萨饼、特色主菜和甜点］、中间酒吧、赌注汉堡和啤酒店（全年开放，赌注汉堡和啤酒店位于模拟直播和现场比赛区，提供全套服务酒吧和全天餐饮菜单，特色是他们著名的汉堡。他们还提供各种开胃菜、手工三明治、新鲜沙拉和特色主菜）、终点线特许经营区（指在现场比赛和特殊活动时提供餐饮。终点线特许经营区是完美的路边小吃摊，提供生啤酒、葡萄酒、软饮料和瓶装水，以及热狗、香肠、糖果和冰激凌等食物）。 |
| 休闲活动 | 举办下注比赛，在德比现金冲刺赛中有赢取10万美元现金的机会。此外，在他们的900个游戏终端中也可大赚一笔，享受免费现场音乐。在红色英里赛道俱乐部会所全年举办私人活动。另外还有“女士之夜”“牛排之夜”“奶昔星期一”等活动。 |

3.1.1.2　基恩兰赛道[42]

基恩兰赛道由杰克·基恩所有，由基恩兰公司运营。基恩兰公司是国际著名的赛马场和纯种马行业领先的拍卖行，该公司运用该赛道开展赛事、体育博彩、马匹交易、观光、活动、餐饮、票务、住宿等业务（表2）。

**表2　基恩兰赛道提供的服务**

| 类型 | 内容 |
| --- | --- |
| 赛事 | 基恩兰赛道分别有4月和10月两个赛季。较为著名的比赛有“育马者杯”“蓝草赛”等。此外还有投注比赛，这类赛事分为4个类别，即一级、二级、三级和非等级比赛。 |
| 体育博彩 | 赛事的投注奖金分为4类。基恩兰赛道为残疾人士和休闲赛马迷提供下注机会，并为马迷提供了投注基础知识和许多可在现场比赛中浏览的一些常驻专家的精选、比赛统计数据等工具。 |

续表

| 类型 | 内容 |
|---|---|
| 马匹交易 | 基恩兰是世界上最大的纯种马拍卖行，每年进行 3 次销售：9 月销售一岁马、11 月销售种马、1 月销售不限年纪的马。 |
| 观光 | 可参观基恩兰的赛马和销售业务的幕后情况、早晨训练和赛马区等。 |
| 活动 | 基恩兰被连绵的古典草地、赛马场所围绕，适合任何规模的活动，如婚礼、商务会议、鸡尾酒会等。 |
| 餐饮 | 根据就餐地点的不同分为 4 种主题：基恩兰广场周日早午餐、草场早午餐、牧场晚餐、基恩假日茶。 |
| 票务 | 出售春季和秋季两个赛季的各种规模的个人和团体的门票。 |
| 住宿 | 标准商务套房：套房是顶级客户的理想休闲场所，有大窗户，从四楼的看台上可以看到壮观的赛道。为客人提供俱乐部会所客人通道，让他们可以在俱乐部会所草坪上全天体验比赛。 |

#### 3.1.1.3 肯塔基马术公园[43]

1972 年，玛丽·爱德华兹以 270 万美元的价格将肯塔基马术公园卖给了肯塔基州联邦政府，肯塔基州联邦政府在 1978 年将公园向公众开放，使该公园成为肯塔基州最著名的旅游胜地。该公园是世界上唯一一个致力于促进人马关系的马主题文化公园，拥有运作良好的马场、各种马术比赛场地与设施，是世界上唯一一个能完成马术锦标赛所有项目的场地，并取得 2010 年世界马术大赛的举办权，成为该赛事历史上第一个欧洲以外的举办地。肯塔基马术公园由肯塔基马术公园基金会负责运营管理，该基金会成立于 1985 年，它的目标是为该公园提供资金资助，每年吸引超过 12 万名游客前往公园观赏比赛。基金会购买了所有的灯光设备，并且承担着推广和举办活动有关的费用和后勤管理工作。

肯塔基马术公园是一个集马匹交易、马术赛事、马文化博览、马术训练、高端社交于一体的马文化旅游综合体，配套设施包括盛装舞步场、露营基地（网球场、排球场、足球场）、骑乘练习场、耐力赛起点和检疫点、越野障碍赛场、露营停车场、马厩、室内临时展馆（内含休息室）、国际马博馆、室内赛车馆（包括

1 858平方米展示区、568 个停车位和 5 700 个座位)、室外主场馆（最多可容纳30 000人）（表3）。

表3　肯塔基马术公园提供的服务

| 类型 | 内容 |
| --- | --- |
| 赛事 | 路虎肯塔基三日赛：火星马术公司举办的路虎肯塔基三日赛将来自世界各地最强的马术选手带到位于列克星敦的肯塔基马术公园，争夺马术三项全能比赛的 40 万美元奖金，被称为“全年最佳周末”。 |
| 马匹交易 | 肯塔基马术公园拥有一流的马匹繁育设施与管理方法，是世界上著名的良种马培育地，建有马匹交易展示场所，可进行马匹交易活动。 |
| 观光 | 马术主题公园：可参观骑马小径和骑小马、贵族的缰绳、马术训练名人堂、冠军大厅、品种展示、大型牛棚—牵引马、马术博物馆、公园纪念馆和雕像、徒步谷仓之旅等景点。 |
| 活动 | 肯塔基马术公园开展的活动包括马术表演、肯塔基州春季高级马展、牛仔竞技表演、节日庆典、博物馆展览、步行活动、购物、有趣的家庭活动。<br>特色活动有春季开幕赛、肯塔基州三日赛活动、障碍跑、肯塔基马术公园跑步、南灯节、夏季马术表演。 |

### 3.1.2　圆石滩高尔夫球小镇

圆石滩位于美国西海岸的蒙特雷市，圆石滩高尔夫球场坐落在美国西海岸加利福尼亚州风景秀美的圆石滩度假区内，最早建成于 1919 年，被誉为世界上最美丽的高尔夫球场之一。球场整体设计精美且极富挑战性，深受各国赞助商和高尔夫球员的喜爱，由圆石滩公司（Pebble Beach Company）所有。圆石滩是美国排名第一的高尔夫球度假村，这里有 3 个世界 50 强的公共球场。

圆石滩有 4 个公共球场，最著名的是圆石滩林克斯球场（Pebble Beach Golf Links）（美国第一大公共球场），其他 3 个是西班牙湾林克斯球场（The Links at Spanish Bay）、远眺山高尔夫球场（Spyglass Hill Gdf Course）和德尔蒙特高尔夫球场（Del Monte Golf Course）[44]。这 4 个球场属于公共球场，均由圆石滩公司所有和管理。该公司经营业务包括售票、承接会议和婚礼，以及住宿、餐饮、休闲活动等。

3.1.2.1 圆石滩林克斯球场

圆石滩林克斯球场位于美国西海岸的圆石滩，被认为是世界上最美丽的球场之一，它毗邻崎岖的海岸线，可以看到开阔的卡梅尔湾，在蒙特雷半岛的南面面向太平洋。圆石滩球场先后6次举办美国高尔夫球公开赛，分别是1972年、1982年、1992年、2000年、2010年和2019年。

3.1.2.2 西班牙湾林克斯球场

西班牙湾林克斯球场位于17英里大道和一览无余的沙丘之间，可以欣赏到17英里大道上最美丽的全景海景，展示了太平洋海岸白色的海滩和灿烂的日落。

3.1.2.3 远眺山高尔夫球场

远眺山高尔夫球场由老罗伯特·特伦特·琼斯设计，经过6年的规划、设计和建造，于1966年3月11日开业。

3.1.2.4 德尔蒙特高尔夫球场

德尔蒙特高尔夫球场是密西西比以西最古老的球场。1897年由查尔斯·E. 莫德（Charles E. Maud）设计为9洞球场，并于1902年扩展到18洞，德尔蒙特高尔夫球场迅速吸引了比赛中最优秀的球员。在该球场举办的德尔蒙特高尔夫球锦标赛备受瞩目。德尔蒙特高尔夫球场也被选中承办1916年的西部业余比赛。德尔蒙特高尔夫球场每年都会举办德尔蒙特高尔夫球公开赛和业余德尔蒙特高尔夫球城市锦标赛，并定期对美国职业高尔夫球协会、女子职业高尔夫球协会和冠军巡回赛球员进行测试。

### 3.1.3 太阳谷滑雪场小镇

美国太阳谷滑雪场小镇是依托于自然禀赋的休闲、娱乐滑雪胜地，是美国滑雪疗养与旅游的标志性场所，也是美国西部滑雪行业的领导者。太阳谷滑雪场小镇位于爱达荷州中部的一个村庄，离凯彻姆镇中心不足1英里，由联合太平洋铁路公司投资建成。太阳谷滑雪场小镇自1936年运营[45]至今，其主要特征表现为以下几个方面。其一，自然禀赋、大众休闲需求增长与滑雪小镇产品供给紧密相关。太阳谷滑雪场位于美国国家森林公园内，天然的滑雪地形成为良好的基础优势，为滑雪场的建设创造了良好的条件。人们对休闲需求的不断增长促使休闲产业管理者和投资者通过采取一系列的措施来吸引和满足大众需要，如露营爱好者的增加促使林务局在森林中开辟了专门用于露营的特殊区域[46]，阿巴拉契亚山脉俱乐部等户外俱乐部成员对滑雪的兴趣、滑雪装备的要求和滑雪技能的提升促使其增加服务内容[17]。太阳谷滑雪场小镇提供的滑雪服务及相关衍生产品成为消费者热衷追求的重要方面。其二，依靠精准的营销策略留住滑雪消费者，并满足滑雪消费者多样化的需求。为了吸引凯彻姆镇以外的潜在滑雪消费者，并提升太阳谷滑雪场小镇的知名度，一方面，太阳谷滑雪场小镇管理方聘请美国著名的广告设计师斯蒂文·格林博格为其宣传太阳谷滑雪场。独特的广告设计结合了当地的气候特征和地理位置特点，让滑雪消费者拥有在裸露的冰屋内晒日光浴、让雪上冒险者与牧羊人拥有在越野之旅中遇到滚动房屋等不同寻常的体验[47]。另一方面，太阳谷滑雪场小镇管理方邀请好莱坞著名演员参与滑雪场的开业仪式，并聘请著名的滑雪运动员开辟专栏宣传太阳谷滑雪场。在此基础上，基于滑雪消费者的不同需求，太阳谷滑雪场小镇管理方将其打造成为场馆服务综合体，引入曼哈顿百货公司、萨克斯第五大道精品百货店等高端流通企业开展滑雪设备的销售等服务。其三，太阳谷滑雪场小镇的发展与联邦政府、林务局支持紧密相关。虽然太阳谷滑雪场小镇在运营中具有诸多特色，但是其场地设施的发展在很大程度上依赖于联邦政府和林务局的支持[17]。当然，这与拥有太阳谷滑雪场土地所有权的林务局对国家森林公园的经营理念有直接的关系。林务局将森林视为一种产品，并且极力主张在国家森林公园中大力发展休闲业。随着各种山区和户外团体娱乐活动的迅速发展，相关森林服务的休闲政策也由联邦政府颁布实施。因此，依托于太阳谷滑雪场小镇的服务内容才得以有效开展。

### 3.1.4　美国体育场馆小镇培育经验

通过美国典型体育小镇的案例可知，这些小镇拥有自然区位上的特色优势，并且某个运动项目有数百年的发展与传承。我国拥有的自然资源并不亚于国外，但在打造具有文化传统的特色小镇方面略显“年轻”。另外，随着时间的推移，管理者应关注小镇的禀赋变化，并调整发展规划；强调小镇的差异化特征，避免其同质化，形成差异化的核心竞争力。体育小镇是“体育＋”模式，而不是“＋体育”模式，应构建“体育场馆＋”模式，实现产业深度融合。构建“体育场馆＋”

模式，实现体育产业与旅游、文化、康养、教育等业态之间的深度融合。例如，滑雪小镇一般都配备滑雪技能培训，并提供高端休闲服务。此外，列克星敦小镇拥有高质量的马匹，通过开展马术比赛来提高其知名度，从而建设马术博物馆，进而开展体育博彩和相关马术游戏，形成“赛事＋旅游＋文化＋娱乐”的体育场馆小镇的服务体系。除此之外，管理者需要关注以下因素：第一，体育场馆小镇发展需要推动力。大致包括两种推动方式：一是政府主导社会资本投资自上而下推动；二是社会组织主导区域居民共同参与自下而上推动。第二，运动项目普及程度、自然资源（气候条件、地理环境）优势和体育场馆小镇建设紧密相关。第三，制定与实施基于体育场馆服务业及相关产业的潜在消费者心理及行为的精准营销策略。第四，体育场馆小镇不仅助推当地区域经济的发展，还具有较强的经济外溢性。第五，社会资本的投入是建设体育场馆小镇的重要资金来源。

## 3.2 欧洲体育场馆小镇

### 3.2.1 芬兰罗瓦涅米小镇

罗瓦涅米是芬兰拉普兰省的省会城市，坐落在北极圈内，一年中有半年是冬季。该城市目前有常住人口6万人，而一年的游客接待量则达到50万人次，旅游业是这座城市的重要产业。罗瓦涅米一直在积极推动本地的体育产业发展，使运动健康和青春活力成为该城市的品牌形象。受气候影响，罗瓦涅米市从冰雪运动入手，早在1927年便举办了冬季运动会，随后成立体育俱乐部，为该国在冰球、越野滑雪、跳台滑雪、滑冰等冬季项目培养了许多优秀运动员。这里也成为北欧冬季赛事和一些国际赛事的举办地。罗瓦涅米小镇主要场馆资源包括：桑塔（Santasport）体育中心、欧恩阿斯瓦拉（Ounasvaara）滑雪中心和北极高尔夫球场（Arctic Golf）等。

#### 3.2.1.1 桑塔体育中心

桑塔体育中心被誉为罗瓦涅米的“健康和体育中心”，位于欧纳斯山，距离市中心3千米，它为家庭度假和国际体育赛事提供了良好的环境，而且可以享受到住宿、餐饮及各种运动和娱乐服务。桑塔体育中心配套有冰球运动馆、室外足球场、排球场等场馆，还有市民健身中心、游泳温泉中心、保龄球中心等休闲体育设施，面积超过2平方千米。

桑塔体育中心自2016年起成为芬兰奥林匹克运动会组织委员会指定的国家培

训基地，目前已经成为一个高质量的培训中心，为多种运动项目提供高水平的训练条件。桑塔体育中心同时也是全球顶尖的冬季运动训练基地，建有专业的高尔夫球场、滑雪场和各种室内外运动场馆及学生户外营地，其主要职能是为不同的人群提供不同的训练条件，如为合作学校培训专业教练、为师生提供体育指导等[48]。

桑塔体育中心的户外场地在夏季为高尔夫球场，在冬季则为滑雪场；在体育馆中可以同时进行各项体育活动，如乒乓球、排球、跳远、跑步等，场地布局合理，极大地提高了场地的利用率。桑塔体育中心的客户群有家庭、体育爱好者、不同的体育组织和体育协会，既有专业的运动员，也有业余的爱好者。（表 4）

**表 4　桑塔体育中心服务一览表**

| 项目 | 内容 |
| --- | --- |
| 健身房 | 桑塔体育中心有现代化的健身房，可根据不同需求进行调整。除按照单独条款运营的 CrossFit 健身房外，可以购买所有健身房的单次入场门票，也可以预订课程或安排教练指导。其主要有以下几个健身房：体育馆健身房、CrossFit 健身房、力量训练馆、户外健身房。 |
| 游泳馆 | 桑塔体育中心为所有年龄组提供水上运动指导，同时，也为儿童和成人提供不同级别的游泳课程。游泳专业人士还为游泳俱乐部和竞技游泳运动员提供服务。游泳区分为：儿童游泳池、教学游泳池、大型游泳池、冷水池、热水池、圆形泳池、按摩浴缸、按摩池。 |
| 保龄球馆 | 桑塔体育中心保龄球馆拥有 12 条球道，配有自动计分系统，可确保整个团队享受轻松的保龄球体验。 |
| 设备租赁 | 桑塔体育中心出租该地区的运动和徒步旅行设备。 |
| 运动与训练 | 桑塔体育中心为多种运动项目提供训练与比赛的场地，运动项目包括高山滑雪、足球、柔道、冰球、排球、越野滑雪、跳台滑雪、举重、定向越野、花样滑冰、体操、游泳、田径。 |
| 物理治疗和按摩 | Santa's Fysio 提供各种身体康复服务，包括医生推荐和开放服务；为学生、运动员和教练提供按摩服务。 |

3.2.1.2 欧恩阿斯瓦拉滑雪中心

欧恩阿斯瓦拉滑雪中心位于罗瓦涅米市中心，交通便利，距离罗瓦涅米火车站和罗瓦涅米机场仅20分钟的路程。欧恩阿斯瓦拉滑雪中心为成人和儿童提供优质场所，设有7个雪道，4部缆车，以及专门为儿童设计的活动公园（Werneri Park）。滑雪场最高140米，最长的一条雪道有600米；拥有自助餐厅和滑雪设备租赁区。在夏季，它既可以提供雪橇滑道，也可以进行越野自行车运动，同时也会开放缆车观光活动。

3.2.1.3 北极高尔夫球场

北极高尔夫球场是一个全方位的高尔夫球场，位于欧恩阿斯瓦拉，距离罗瓦涅米市中心约4千米，毗邻欧恩阿斯瓦拉滑雪中心。这座球场建于1997年，从开始的9洞球场扩展为18洞球场，主要赛季是夏天。北极高尔夫球有限公司拥有并管理该高尔夫球场。该公司不仅负责维护高尔夫球场，还负责餐厅和商店的运营。股东（个人、家庭和公司）享有终身会员和全部股东利益。俱乐部的名称于2017年改为圣诞老人高尔夫球俱乐部。俱乐部大约有800名会员，年龄从5岁到85岁不等。每年俱乐部都会组织圣诞老人雪地高尔夫球经典赛。俱乐部内设俱乐部餐厅、咖啡厅、专业零售店（提供各种高尔夫球配件，包括圣诞老人高尔夫球的标志产品）、更衣室、淋浴和储存设施及3块练习区域（提供私教课程）。

圣诞老人高尔夫球俱乐部作为一个体育俱乐部，负责高尔夫球训练、竞赛活动及一些俱乐部活动，公司在球场建设初期投资了240万欧元，每年营业额达50万欧元。该公司旨在为高尔夫球爱好者提供场地和全面的高品质服务，为业余高尔夫球爱好团体提供服务，特别是为青少年高尔夫球手提供培训和指导。公司下设了一个青少年高尔夫球学校，6~13岁的青少年都可以参加，所有活动每人仅需50欧元，同时俱乐部还会为此举办比赛，冠军可以获得60欧元的奖金及该俱乐部的绿卡。每年俱乐部都会举办圣诞老人雪地高尔夫球经典赛和罗瓦涅米冬季高尔夫球公开赛。

### 3.2.2 奥地利基茨比厄尔滑雪小镇

奥地利基茨比厄尔是世界闻名的滑雪胜地，具有瑞士滑雪小镇的风格。奥地利基茨比厄尔的发展之路独具特色[17]。

3.2.2.1　当地居民众筹建设了基茨比厄尔滑雪小镇

小镇的诞生源于当地居民对基茨比厄尔地区经济发展的迫切需求。在基茨比厄尔当地的客栈老板弗兰茨·莱施的倡导下，基茨比厄尔村的村民共同创建了“基茨比厄尔冬季运动协会”，并大力发展滑冰运动、长撬运动（现代冬季两项的起源之一）和滑雪运动等，同时建成了溜冰场、长撬雪道等冰雪运动设施。基于此，当地居民期望通过建设冬季运动项目设施及发展场馆服务业以改变自身和当地的经济状况。

3.2.2.2　完善与滑雪旅游相关的配套服务设施和服务内容

首先，为了满足滑雪旅游者的需求，管理方首先改善了小镇的住宿和用餐条件，尤其是米其林星级餐厅的加盟，使这个地处阿尔卑斯山脉的小村庄也成为了吸引冰雪运动爱好者的特色之一。其次，培养当地的孩子学习高山滑雪，并为滑雪向导储备力量。再次，举行跳台滑雪比赛和具有当地特色的音乐节，以丰富小镇的延伸服务内容。最后，依靠著名滑雪运动员的口碑效应，吸引更多潜在的消费者。

### 3.2.3　欧洲体育场馆小镇培育经验

3.2.3.1　合理空间选址，市场化方式运作

欧洲体育场馆小镇的选址通常以环境优良、交通便利等为特征，这些小镇主要发展健康、旅游产业。因此，自然条件和环境因素在这类小镇的培育和发展过程中至关重要。欧洲体育场馆小镇组织和管理建设最突出的特点是采取自上而下的统一规划模式，场馆的建设和所有权归政府所有，运营方是专业的运营企业，以效益为导向，为小镇的发展提供专业指导、品牌营销和协同发展方案等。

3.2.3.2　重视生态保护，深挖文化资源

在产业选择上，欧洲体育场馆小镇主张凸显自身的生态特色和文化内涵，“利用自然和历史文化资源”是当今欧洲体育场馆小镇发展的主题之一，以保护小镇自然生态、本土特色和历史为目标，强调旅游、商业服务、休闲娱乐和住房的协调，最终实现小镇的可持续发展。无论是拥有体育城市形象的因斯布鲁克，还是作为圣诞老人故乡的罗瓦涅米，欧洲体育场馆小镇结合了原汁原味的历史文化和充满活力的新元素，人们不仅深刻地认识到历史遗产是小镇的一笔重要财富，而

且对这笔“财富”也进行了二次利用。

## 3.3 加拿大体育场馆小镇

### 3.3.1 惠斯勒小镇

惠斯勒小镇地处加拿大不列颠哥伦比亚省，是加拿大最负盛名的四季旅游度假胜地。惠斯勒小镇距离温哥华仅130千米，目前惠斯勒度假村约有115家各类型的度假酒店，餐厅约有90家，其他商店约有200多家。惠斯勒是一个旅游度假小镇，常住人口大约有9 200人，每年到访惠斯勒小镇的游客大约有200万人次，他们因举世闻名的高山滑雪和山地单车场地慕名而来，惠斯勒小镇多次被各种滑雪杂志选为北美最佳滑雪场地之一。惠斯勒小镇于2010年冬季奥运会和2010年冬季残奥会期间协办部分赛事。惠斯勒小镇主要场馆资源包括草甸公园体育中心、惠斯勒奥林匹克公园和惠斯勒山地自行车公园及4个可以举办冠军大赛的顶级高尔夫球场等，主要经营业务包括户外运动、场馆服务和温泉养生服务等[49]。

#### 3.3.1.1 草甸公园体育中心

草甸公园体育中心拥有世界级大型多功能娱乐设施，曾屡获殊荣。不论是青少年、老年人还是运动员，都可以在这里找到适合自己的运动娱乐设施。草甸公园体育中心位于99号公路8625号（惠斯勒村以北4千米），这些设施从每天早上6点到晚上10点开放。

#### 3.3.1.2 惠斯勒奥林匹克公园

惠斯勒奥林匹克公园位于加拿大不列颠哥伦比亚省惠斯勒以西的卡拉汉山谷。场地离不列颠哥伦比亚省99号公路交会处约8千米，离惠斯勒奥运村约14千米。场地工程耗资1亿1 970万加元，由加拿大联邦政府和不列颠哥伦比亚省政府共同承担。工程包括建造全长14千米的越野滑雪和冬季两项赛道、两条跳台滑雪助滑道、全长35千米的训练和休闲滑雪道、水电设施和连接道路等。工程为期两年，该公园的主要设施于2007年秋季落成，而场地则于2008年11月22日正式对外开放；于2009年1月15日至18日举行越野滑雪和冬季两项的世界赛，冬季两项赛事有11支队伍的50位选手参与，而越野滑雪赛事则有17支队伍的230位选手参与。世界跳台滑雪锦标赛则于同年1月22日至25日在此举行。场地在冬季奥运会期间由温哥华奥林匹克运动会组织委员会管理，奥运会过后则连同惠斯勒滑行中心和惠斯勒奥运村转交惠斯勒2010体育遗产公司运营，并面向公众开放。

3.3.1.3 惠斯勒山地自行车公园

惠斯勒山地自行车公园被公认为是世界上最好的山地自行车公园之一。它拥有200多千米（120英里）长且附有座椅升降服务的车道，还有3个技艺中心和2个跳跃公园区域。除了山地自行车公园，惠斯勒山地自行车公园还拥有几百英里环绕四周山峦湖泊的宽窄相间的越野自行车道和一条为休闲骑行爱好者而铺设的长35千米（22英里）的山谷车径。

### 3.3.2 班夫小镇

班夫国家公园是阿尔伯塔省最受欢迎的旅游地点，也是北美洲游客最多的国家公园之一。班夫小镇成立于1885年，坐落于加拿大阿尔伯塔省西南落基山脉中，是班夫国家公园的主要商业中心区，也是文化活动的中心。每年有来自世界各地的350万~400万名游客到此旅游。班夫小镇的著名旅游景点包括班夫上温泉、27洞高尔夫球场、3个度假区（桑夏恩村度假区、路易斯湖度假区和诺奎山度假区）。徒步的线路也受到游客欢迎，其他的活动包括高山滑雪、北欧滑雪和骑马。加拿大公园管理局要求使用露营场所、加拿大棚屋俱乐部场地和其他设施的人购买野外许可证，并要求保护这些地区的环境[50]。班夫小镇的场馆资源主要有路易斯湖滑雪场、诺奎山滑雪场、阳光村滑雪场和班夫中心等。

3.3.2.1 路易斯湖滑雪场

路易斯湖滑雪场位于加拿大班夫国家公园莱克路易斯小镇附近（班夫小镇以西57千米），是加拿大面积最大的独立雪场。此地也是拥有北美最长雪季的地区之一，滑雪季节通常从每年11月到次年5月中旬，滑雪场曾连续3年摘下“加拿大最佳滑雪场”的美誉，2009年年底承办温哥华冬季奥运会前期的世界滑雪竞赛，2014年在奥地利克伊兹布尔市举行的首届世界滑雪旅游业大奖赛上获得“加拿大最佳滑雪胜地”的殊荣。

3.3.2.2 诺奎山滑雪场

诺奎山是加拿大阿尔伯塔省班夫国家公园内的一座山，诺奎山也是一处知名的滑雪胜地，海拔2 455米，位于班夫小镇西北5千米处，山脚下有缆车可以直达山顶。其滑雪季节通常从12月初开始，到次年4月中旬结束。每年12月至次年3

月的周五和周六晚上，诺奎山滑雪场都会举办夜间滑雪活动，时间为下午 5 点至晚上 9 点，是班夫国家公园第一家提供夜间滑雪的场地。

3.3.2.3 阳光村滑雪场

阳光村滑雪场是加拿大海拔最高的滑雪场（开放时间为 11 月至次年 5 月），位于加拿大落基山脉的大陆分水岭上。阳光村有斯坦迪什山、望山和山羊眼山，这 3 座山形成的高山峡谷内有 9 座缆车和 120 条滑雪道，阳光村位于班夫小镇西南 15 千米（9.3 英里）处，距卡尔加里市约 30 分钟车程。

3.3.2.4 班夫中心

班夫中心位于加拿大班夫国家公园班夫小镇内，是一个非学位授予的成人教育机构，主要提供表演和美术方面的艺术课程，以及对学员领导能力的培训。班夫中心于 1933 年由阿尔伯塔大学创建，卡耐基促进教学基金会资助，最初只开设戏剧课程。1935 年，该中心被称为班夫艺术学院，随着艺术课程的广泛好评及其发展需要，中心于 1953 年和 1954 年分别推出了研讨会和管理课程。1970 年改名为班夫继续教育中心。1978 年，阿尔伯塔省授予其为非学位的成人教育机构，并获得了完全的自主权，由董事会进行管理。2016 年 6 月 23 日，班夫中心宣布了一个新的名称——班夫艺术和创意中心，并发布了一个新的品牌标识和战略计划。

### 3.3.3 加拿大体育场馆小镇培育经验

3.3.3.1 依托国际化赛事，发展高山户外运动

惠斯勒小镇的地理位置优越，得天独厚的自然风光为小镇的发展提供了便利条件。小镇依托滑雪这项核心运动和知名国际体育赛事，如山地自行车锦标赛、高尔夫球锦标赛等，带动了场馆服务、多样化的体育项目、国际赛事及休闲配套服务的发展，众多高山户外运动爱好者慕名而来。专业运动是惠斯勒小镇得以成名的关键，小镇拥有可举办国际级专业竞技比赛的高尔夫球场、山地自行车赛道、滑雪场等。同时针对核心客户群，小镇打造了一系列家庭认可的户外运动产品，大部分以“小投入、重运营”为主。

3.3.3.2 发展户外职业体育，打造特色旅游综合体

加拿大的班夫小镇依托自身世界知名的滑雪场地，发展高山滑雪项目，并拓展出马拉松等特色体育项目，融合其他户外休闲运动，一年四季都举办不同类型

的赛事，呈现出不一样的风貌。同时在每年的不同时期，班夫小镇举办班夫瑜伽节、班夫夏季艺术节、圣诞大游行等节日盛典，通过赛事和盛典的力量，做精运动品牌，做专运动体验，拓展体育产业链，发展综合性运动旅游。

#### 3.3.3.3 天然的“体育场馆”随四季而变，适应客户多元需求

惠斯勒小镇被黑冠山和惠斯勒山所环绕，在小镇周边依山开发建设了多个主题公园，可以体验高尔夫球、滑雪、山地运动等项目，具有康养、会议、度假等功能，可以给游客提供丰富的主题游乐体验，服务和项目内容丰富多样。其不仅拥有 4 个顶级高尔夫球场，同时拥有北美最大的滑雪场地，面积为 8 171 英亩（约为 3 306.69 公顷），是北美唯一可以在冰川上滑雪的旅游地；坐拥北美垂直落差最大的滑雪道及山地自行车道；缆车往来于惠斯勒山山顶和黑冠山山顶，是全球同类型中最高和最长的无支撑的高空索道缆车；有 40 多个不同的夏日活动，包括山顶进餐、健行、观光、自然之旅等；整个惠斯勒山谷有数百条自行车径和步行远足小路。惠斯勒小镇还拥有 5 个波光粼粼的湖泊，以及众多河流，可供游客进行各种水上运动和休闲活动。班夫小镇拥有着全球绝美的国家公园赛道、绝佳的风景线路，其著名的路易斯湖每年都举办曲棍球比赛，美轮美奂的景色结合竞技运动优美的形态，成为班夫小镇一道靓丽的风景线。同时，加拿大的小镇所拥有的特色庄园和度假公园带给游客一流的服务体验和别具一格的人文景观。

#### 3.3.3.4 以人为本，场馆服务精细化设计

加拿大的体育小镇供给的场馆服务大都以体育本体产业为核心，针对规模最大的家庭人群，打造了系统性、特色性产品体系，满足了惯常度假的家庭游客需求，并配之特色的商业服务，以餐饮美食和夜间娱乐为核心，具备旅游购物、零售商业、家庭旅馆等要素。场馆的体育活动会针对不同年龄阶段、不同群体的客户而设计有趣多元的体育项目，并提供免费的培训指导。其专门为儿童设立的活动中心，内容丰富多样，给予孩子一个安全舒适的活动空间。

## 3.4 国外体育场馆小镇培育启示

### 3.4.1 以主导产业为基础，以顾客需求为导向

体育小镇的发展应遵循“产业为本”的基本宗旨：首先，要明确自身的主导特色内容，要突出体育特色；其次，在确定特色内容的过程中要考虑当地所具备

的自然条件、基础设施情况、居民的体育基础等内容[51]。服务的质量决定着客户的去留，只有差异化、高质量的服务才能吸引客流，因此，小镇的运营和场馆服务业需要注重“以人为本”的经营理念，最大限度地满足顾客的需求，从细节到大环境都精心设计，让顾客有宾至如归的感觉。

### 3.4.2 引入PPP模式，推动小镇市场化运作

在建设国内体育小镇的过程中，政府不仅要立足行政主体的位置，完善相关的体育产业法规政策，同时要扮演一个引路人的角色，引领体育小镇朝着健康稳定的方向发展。在体育场馆小镇建设初期，投资成本高，周期长，引入政府和社会资本合作（Public - Private Partnership，以下简称“PPP”）模式，吸引社会资本参与体育场馆小镇的基础设施建设，不仅有利于减轻政府的财政压力，而且有利于发展和提高运营效率。采用PPP模式创建的体育场馆小镇，不仅可以充分发挥市场在资金、人才、管理等方面的领先优势，而且可以实现体育场馆小镇社会效益和经济效益的“双赢”。

### 3.4.3 举办高水平精品赛事，打造知名赛事IP

体育赛事能为当地创造完全区别于日常生活的环境，为当地的资源赋予了新的价值和内涵，实现了存量资源的意义重构。国内的体育小镇应根据当地的自然环境和区位优势，选择适宜的运动项目，积极举办国际化、有影响力的大型赛事，以赛事IP为核心，使体育小镇享誉海内外，而打造有特色、高水平的赛事IP可以很大程度地提高小镇的知名度，吸引不同的运动爱好者参与赛事；同时，大大延伸了小镇的产业链。

### 3.4.4 构建“体育场馆+”模式，实现产业深度融合

体育场馆小镇应通过服务创新、制度创新、组织创新、管理创新等方式进行建设，依靠政府和企业的合力，促使体育产业与其他产业资源要素进行深度整合和创新。目前我国体育小镇的建设，仍处于高投入低回报的阶段，想要实现稳定的可持续发展，必须采取“体育场馆+”模式，推动产业融合发展。加拿大惠斯勒小镇的街道上遍布着富有风情的餐厅和酒吧，有200多家商铺经营着当地特色的工艺品、高档时尚服饰、珠宝、滑雪用具和野营所需的专业设备。同时，小镇还建有邮局、医院、警察局等基础设施，给予了前来游玩的人最大的便利和安全感。小镇的水疗中心提供按摩、足疗、修甲、香薰疗法、瑜伽、美容等休闲养生服务。

小镇全年都举办各式各样的集会和节庆活动，在每年的 6—9 月期间，惠斯勒小镇成了欢乐的海洋，街头艺人的表演，如小丑、乐师及露天音乐会将游客的情绪带到最高潮；同时，小镇还打造了多个主题乐园，如高尔夫球主题乐园，针对不同客户的需求，带给顾客不一样的体验。而我国的体育场馆小镇在建设过程中也可以通过构建“体育场馆 +”模式，实现体育场馆服务业与旅游、文化、康养、教育等业态之间的深度融合。

# 4　体育场馆小镇培育模式及机制设计

在深度剖析国外体育场馆小镇案例的基础上，阐述我国体育场馆小镇培育模式与机制，以期为体育场馆服务业实现产业升级、推进以场馆为抓手的新型城镇化建设提供有益的参考。

## 4.1　培育模式

### 4.1.1　基于运营内容视角

体育场馆小镇的培育需要突出体育场馆服务业的主导地位，以体育场馆或体育场馆小镇作为运营主体。基于此，可通过“体育场馆＋”的培育模式来实现小镇的建设。根据前文的介绍我们认为，体育场馆功能多样，便于提供多种服务，为了突出体育场馆服务业的主导地位，本文选取高尔夫球、马术和冰雪运动项目来详细阐述体育场馆服务业的发展。

#### 4.1.1.1　体育场馆小镇建设内容

从国内外的经验来看，体育场馆小镇的建设无论是企业单独开发还是政府与社会合作都需要一个专门负责小镇开发的项目公司。在冬季奥运会引发的冰雪热潮中，我国冰雪特色小镇大多是通过 PPP 模式来建设的。企业和政府的积极参与，为小镇建设和运营带来充足的资金，降低了双方独立开发带来的资金风险，同时小镇的商业开发带来了政策上的便利和管理上的高效率。那么在体育场馆小镇的培育过程中，我们同样强调无论是政府还是企业主导小镇建设，都需要由专门的企业负责小镇项目的整体开发。该企业可以设立市场营销部门、财务部门、人力部门和小镇项目开发部门等。根据体育场馆小镇的“场馆＋运动项目”的培育模式，小镇项目开发部门可以设立体育场馆服务项目群、生活服务项目群、文创商业项目群 3 个小镇主体项目群。体育场馆服务项目群可以细分为具体的运动场馆建设项目。生活服务项目群可以细分为房地产项目、酒店项目等。文创商业项目群可以细分为商业街、博物馆、文化广场等项目。其中，体育场馆服务项目群是体育场馆小镇的主要项目群，即“场馆＋运动项目”培育模式的主要内容，该项目群是以发展体育场馆服务业为主要目标，通过完善基础设施、提供相应的优惠政策、合理的区域规划来实现专业的体育场馆建设运营企业的集聚，并由企业来负责具体的场馆建设和运营。场馆运营企业以体育场馆为载体，发展体育场馆服务业，提供赛事、培训、大众健身等服务内容，由此成为体育场馆小镇的主要行为主体。

（1）体育场馆服务项目群

体育场馆小镇因以体育场馆服务业为主导产业，要支撑整个体育小镇的发展，必须是体育场馆服务业与其他相关产业共同发展，根据国内外的建设经验，高尔夫球、马术、冰雪运动等户外运动因对体育场地的依赖性较强，因此，以上项目的场馆是体育场馆小镇建设的首要目标。

① 高尔夫球运动。

体育场馆小镇的建设主要依靠当地的自然条件，凭借开发优质的自然资源形成完整的服务体系。以高尔夫球运动为例，全球著名的高尔夫球场地多分布在美国、澳大利亚、英国的苏格兰等地。高尔夫球场地的选址对地形、土壤、水源及交通有着极高的要求，一般设在开阔的丘陵地带的缓坡上，占地 65 ~ 75 公顷，环境优美、气候宜人，交通便利。

在建设高尔夫球场地前，专家会对所选的地形进行勘察、测试土壤的成分、查看水源储量的舒适度以及交通便利情况。经过调研后选择条件优越的位置，根据选址的自然资源、地理特点、生态环境和人文环境等情况进行规划建设并配备相应的配套设施（美容院和水疗馆、高尔夫球场练习设施、设备专卖店、室内/室外温水游泳池、儿童娱乐中心、健身房、网球场、大型宴会厅、会议中心、休息室、酒店、餐饮中心和户外区域等各种室内/室外仪式场所和活动中心）。

高尔夫球运动小镇运营方依托高尔夫球场地及配套设施输出高尔夫球活动及相关服务，一般采用俱乐部模式进行运营，形成以高尔夫球运动为核心的休闲活动体系。它为不同性别、年龄阶段、运动水平的消费者提供不同难度的运动场地，有针对初学者的娱乐服务，也有针对爱好者的挑战服务。另外，为提高消费者对高尔夫球的热爱，它一般会开设培训学院，根据儿童、成年人的运动水平提供基础培训和提升培训；根据人数多少，提供个人培训和团体培训。在赛事服务方面，它一般会引进国际知名赛事，如圆石滩高尔夫球度假村多次引进美国公开赛或者举办自主赛事为消费者提供赛事服务。在其他配套休闲服务方面，有针对儿童的儿童营、冒险活动，夏季的团体郊游、婚礼、团体活动（举办私人活动和盛大的庆祝活动，庆祝“里程碑”式的时刻、派对）；此外还有当地特色节日、音乐会、演出、展览等。因此，高尔夫球运动小镇在产业选择与功能定位方面，要结合当地的历史文化、自然资源、人文环境等优势，培育核心产业，对消费者需求进行精确分析，培育以提供以高尔夫球体验、培训、赛事服务为核心，其他休闲活动为辅的服务体系。总之，在建设阶段应注意选址及规划设计，在运营阶段应注重挖掘项目核心服务并延展合适的配套服务。

② 马术运动。

马术运动场地的选址一般是地势平坦、水草丰茂，夏季绿草如茵、秋季一片金黄，适合马匹繁衍、生长的地方。例如，列克星敦马术小镇在五大湖区南部。马术运动小镇选址结束之后，根据选址的自然资源、地理特点、生态环境和人文环境等情况进行规划建设集马厩、赛场、练习场于一体的马术场馆，并配备相应的配套设施（网球场、排球场等场地，马术博物馆、餐饮、住宿、设备专卖店、投注大楼、娱乐中心、会议中心、休息室和户外区域等）。

马术运动小镇运营方依托其得天独厚的自然条件，拥有肥沃的土地和最优质的草资源开展马术产业，形成以马术赛事为核心、其他休闲项目为辅的服务体系。马术运动小镇一般会通过举办国际大型赛事或自主赛事为观众提供赛事服务，在观赛的同时，观众可参与投注游戏，增加娱乐性。另外，该小镇会举办与马有关的展览、进行马匹交易、开放马术博物馆、开放养殖及训练等场地供游客参观，并配备住宿、餐饮等休闲服务，形成依托马术比赛发展养殖、买卖、竞赛、展览、游戏等一套完整的产业链。总体来讲，培育马术运动小镇的关键是选址，此外要依托培育马匹为赛事提供服务，并以此提高自己的知名度，进而延展其产业链到马匹买卖、展览、游戏、观光等分支。在发展的过程中，马术运动小镇要不断挖掘马术产业，从开始只具备简单的马厩和训练场地、比赛场地到配套设施齐全。因此，体育场馆小镇的培育核心在于准确地选址和建设后不断挖掘项目产业。

③ 冰雪运动。

冰雪运动场馆小镇依托于冰雪场地设施，供给冰雪场馆服务，针对不同的消费群体提供高标准的冰雪运动场地、专业化的冰雪培训、娱乐性的冰雪运动体验。1924 年第一届冬季奥运会在法国的沙木尼体育小镇举办，举办方专门增加了滑冰和冰球比赛场地，世界级的滑雪教练培训中心也在此落户，推动了高山冰雪项目的开展。冰雪运动场馆小镇在场地建设运营方面：一方面要利用好场地的自然资源，做到因地制宜地建设滑雪场；另一方面为了使小镇能够做到四季运营，冰雪运动场馆小镇应培育“体育场馆 + 冰雪产业 +”模式，促进冰雪运动与其他业态的融合。小镇可以丰富自己的体育项目并且引进多样化的国际级赛事。例如，芬兰的罗瓦涅米小镇冬季不仅可以开展高山滑雪运动，而且可以在山脚下进行雪地高尔夫球比赛，这项比赛每年都会如期举行。法国的沙木尼体育小镇有着丰富的体育运动项目，勃朗峰、大乔拉斯峰有 5 000 多条攀岩线路和众多攀冰、登山线路；另外，滑雪、高山滑翔伞、溪降运动也开展得非常广泛。除了每年会举办的登山、滑雪国际赛事，小镇还开发了高等级越野比赛。冰雪运动场馆小镇为了提高滑雪场等场馆设施的利用率，可以和当地的体育俱乐部或者体育协会合作，将场地作为俱乐部主场或协会指定的训练场地，如桑塔体育中心自 2016 年起成为芬兰奥林匹克运动会组织委员会指定的国家培训基地，同时也是全球顶尖的冬季运动训练中心。因此，冰雪运动场馆小镇在产业选择与功能定位方面，要结合当地的历史文化、自然资源等基本情况，发掘自身的特色产业，对冰雪产业进行精确的市场细分；无论是聚焦冰雪旅游业、雪具制造业、冰雪休闲娱乐业还是其他产业，都需要小镇运营主体在规划期间就要做好顶层设计。

（2）生活服务项目群

① 医疗康养中心。

重点满足养生人群、亚健康人群、中老年人群的不同需求，形成具有针对性的、完善的健康硬件配套设施及健康服务，最终，形成一个以运动健康养生为主题，拥有养生环境、养生运动项目、养生服务及养生居住 4 大体系的康养中心。

养生环境需要突出养生资源特色，如气候资源、水资源、森林资源、山体资源、温泉资源等，并以自然生态环境为基础。养生居住是保障布局多样化的养生环境和居住环境，满足中长期养生者的需求。体育健康服务和体育养生项目是医疗康养中心的核心，体育健康服务包括健康体检、私人定制个性化健康方案、辅助性医疗服务及一些特殊服务（老年人陪护等）。体育养生项目以体育运动项目为主，如徒步、瑜伽、太极、游泳、高尔夫球等；以其他养生项目为支撑，如温泉养生、心理静养、健康食疗、科学培训等。此外，中心配有专业的运动医护人员，及时为在运动中受伤的客户提供医疗救护。健康需求与健康产业相融合，带动运动养生、运动保健等服务产业链的形成，逐渐形成自然休闲、健康测试、体医融合兼备的医疗康养中心。该中心应以休闲健康为目的，突出体育的功能，体验在优美的自然环境中的运动，并通过提供体育特色服务和体育特色产品，逐渐细分市场，获得新的消费需求和发展空间。

② 体育类主题酒店。

依据各类体育类项目特色，打造具有项目特色的主题酒店，如高尔夫球主题房、冰雪运动主题房等，让热爱体育的顾客深刻感受到体育的氛围。建设一批知名度高的高端度假酒店，同时提供出租短期特色公寓和民宿，引进房车营地、帐篷酒店、木屋酒店等休闲服务配套设施，带动参与消费、体验消费的不断提升，满足不同消费水平的群体。酒店的顾客咨询中心，可以为游客提供最新的天气预报、安全提示，解答各种疑惑，帮助游客安全、快乐地游玩各类体育项目。

③ 大型综合超市。

小镇建有大型综合超市。超市里有人们日常需要的生活用品，同时还专门设立了户外运动板块，为户外运动爱好者提供户外用品，并配有专门的工作人员为顾客讲解各类户外知识和注意事项，为购买的顾客提供户外运动路线定制服务。

④ 大型美食餐饮中心。

打造大型的美食餐饮中心，为游客提供西餐、中餐及各具特色的世界美食。针对不同人群，提供多元化的选择，如针对中医养生人群，以草药种植、中医养生为理念，设置养生餐饮、中医理疗与传统体育项目体验，以强化主题，吸引目标人群。

（3）文创商业项目群

① 商业街。

商业街的建设主要是餐饮和购物。这两部分的开发与运营可以充分拉动消费，给小镇带来持久的收益。餐饮可以走平价和高端两条路线。平价可以打造一条小吃美食街，主打当地及周边地区的特色美食，价格亲民；高端路线的餐厅要体现体育元素，主要围绕冰雪运动、马术、高尔夫球等项目设计，餐厅外形和内在装饰也可基于此来设计，抑或是菜单以各项体育项目命名，让顾客充分感受小镇的体育氛围。商业街除了引进一些常见的运动品牌（如李宁、鸿星尔克等），还要围绕体育场馆小镇的主要运动项目引进著名的体育用品企业，如冰雪用具企业迈古（MICRO）、费雪（FISHER），高尔夫球品牌卡拉威，马术品牌 GPA 等。此外，商业街要打造原创品牌，以体育场馆小镇中一些典型的场馆外形及小镇主打的冰雪运动、马术、高尔夫球这 3 个项目为原型，开发富有特色的文创周边产品，吸引游客购买；另外，在商业区可以修建一个室内的冰雪乐园，供儿童娱乐。

② 博物馆。

博物馆是体育场馆小镇文化建设的重要载体，传播体育文化，彰显场馆特色，既能显现小镇历史文化，又能承载新型体育文化的培育。就体育场馆小镇而言，体育博物馆所能承载的内容应与体育场馆服务业紧密相连，既包含体育场馆自身的核心产品和延伸产品，又包含以体育场馆为载体供给的产品。体育场馆小镇体育博物馆的项目运营性质既可以是公益性的，也可以是经营性的。根据体育场馆运营主体的特点来设置博物馆，运营内容要体现体育项目文化与当地文化相结合的内容，引起文化共鸣，打造具有特色的体育文化。例如，冰雪运动主题：一是展示我国冰雪运动和世界冰雪运动的发展历史，以及冬季奥运会的发展历程；二是展示冰鞋的种类及演变过程、雪鞋的种类及演变过程，以及其他冰雪体育器材的展示；三是冰雪运动的明星运动员的介绍。高尔夫球主题包括高尔夫球运动的发展史、球杆、球具的种类和球服及高尔夫球礼节、著名运动员介绍等。马术主题包括马术的发展历程、马的种类及价格、骑手的装备（包括特殊服装）、著名运动员介绍及主要大事件等。除此之外，博物馆引进先进的科学技术（VR、AR 等）让顾客可以在相对真实的虚拟环境中体验这些运动，激发顾客的兴趣。

③ 高端会议中心。

通过举办高端会议来推广小镇，塑造品牌形象。首先是学术会议，可举办冰雪运动、马术、高尔夫球的产业大会，也可举办有关体育场馆运营甚至体育产业发展的相关会议，这些会议要做到全国性、国际化，以此来提高大众对体育场馆小镇的关注度。其次是商务会议，为体育企业之间的合作提供商务洽谈的平台。

最后还可以和企业合作，承接企业的年会，为小镇提供顾客源。

4.1.1.2　体育场馆小镇服务流程

体育场馆小镇的服务流程设计是指在掌握小镇内外部资源结构后，对资源进行优化配置，对场馆的项目进行综合策划，最终提高场馆服务小镇的服务效率。体育场馆小镇建设要把重点放在体育场馆小镇知名度建设和长远发展上。冰雪运动的发展与小镇建设高度融合，以体育场馆服务为主导，可带动小镇各个项目的发展。

体育场馆小镇的服务流程主要分为以下几个步骤。

①多平台宣传，提供线上咨询服务。在智慧城市建设的大背景下，小镇可以与互联网企业合作，借助其资本和技术优势，建设服务型体育场馆小镇公共体育服务平台。小镇顾客不仅能够在这一平台上看到小镇的场馆资源及环境，而且可以享受定制化的信息服务，如小镇赛事门票购买、网上餐厅预定、场馆预定、教练个人信息查询等。顾客在平台上获取小镇的基本信息后，选择其感兴趣的体育项目进行在线咨询。

②提供省内大巴车接送服务。高速公路、高速铁路、航道体系的建成将会吸引更多游客进行消费。随着我国经济发展规模的不断壮大，人们的生活水平越来越高，人们在基本生活保障无忧的情况下，对于养生、健康、娱乐和环境的需求与日俱增，各种类型的体育小镇应运而生，为了让小镇更有竞争力，大巴车接送服务会吸引年轻人和到当地旅游观光的顾客到小镇进行消费。

③安排行程内酒店餐饮服务。干净舒适的住宿环境、带有当地特色的餐饮服务，将会给顾客带来不一样的消费体验。

④小镇体育服务项目介绍及选择。体育场馆小镇的体育项目主要围绕冰雪运动开展。冰雪运动、马术、高尔夫球3个项目是小镇主推的运动项目，顾客可以根据自身喜好及身体状况选择适合的项目进行体验；同时小镇内还设有综合体育场馆，场馆内可以开展大众喜闻乐见并且参与比较广泛的体育项目，如足球、篮球、乒乓球、羽毛球、瑜伽、拳击等项目。

⑤体育教练陪同开展冰雪运动项目。体育场馆小镇应提供专业的运动项目服务。体育场馆服务小镇开展的3个运动项目受众人群相对较少，所以每个运动项目都配有教练或指导员，为顾客提供专业的运动训练指导，让顾客体验到冰雪运动

的乐趣。

⑥医疗康养项目体验。体育场馆小镇在满足顾客基本运动需求后，需要向顾客推荐小镇环境优美、技术先进的医疗康养中心，以此吸引养老客群、康复医疗客群、保健养生客群、美容康体客群来小镇消费。

⑦收集调查问卷，改进体育场馆小镇服务质量。小镇的建设和完善离不开顾客在享受体育场馆小镇服务后的反馈，顾客对服务的评价将会影响小镇在基础设施完善、资源扩展、品牌建设、投资基金等方面的长远发展。

### 4.1.2 基于合作关系视角

#### 4.1.2.1 政府和社会资本合作（PPP）模式

PPP 模式，即公共部门与私营部门的合作。PPP 模式有两层含义，广义上的 PPP 模式是指公共部门与私营部门为提供公共产品或服务而建立的各项合作关系[6]，其中包括政府公共部门与社会企业共同出资进行体育场馆的融资、设计、建设、运营；狭义上的 PPP 模式则与广义的特许经营类融资模式完全相同[52]，（包括 BOT 模式、TOT 模式、ROT 模式等）。总之，既然双方是合作关系，PPP 模式必然是一个长期的、互利共惠、风险共担的过程。帕兰蹴鞠小镇由淄博帕兰文化旅游有限公司开发建设并负责后期运营，该项目是典型的广义上的 PPP 模式。淄博帕兰文化旅游有限公司是由光合文旅控股股份有限公司和山东光合园林设计事务所有限公司组成的联合体，与山东省淄博市临淄区政府的平台公司——淄博鹰扬文化产业发展有限公司三方共同出资成立，并已与临淄区政府授权的实施机构临淄区齐陵街道办事处签署了 PPP 合同。帕兰蹴鞠小镇是山东省少儿齐文化研学基地 PPP 项目的重要组成部分。根据前期规划设计及项目整体定位，帕兰蹴鞠小镇的本质属性为公益性园区。经集团公司战略指导及运营团队实地操盘，将帕兰蹴鞠小镇定位为：以经营手段进行运营的公益性园区。集团公司将帕兰蹴鞠小镇打造为休闲娱乐综合体，对帕兰蹴鞠小镇按照统一运行、统一品牌、统一营销、统一结算、统一采购、统一标准、统一服务的“七个统一”思路进行整体运营，遵从各方融合发展的运营理念。公益部分以自营为主，收益部分以联营招商为主。帕兰蹴鞠小镇要总体把握直接消费和间接消费之间的合理转化、消费金融模式保证区域内消费闭环、博彩思维促进消费量级提升等基本原则，由此，充分发挥公益性园区吸引人群的聚集作用，从而将聚集人群转化为消费客群，实现收益。

（1）建设情况

帕兰蹴鞠小镇位于山东省淄博市临淄区东南部，齐陵街道辖区内，西邻临淄大道，北侧为淄河水域，南侧为城市主干路，紧邻奥林匹克花园和御泉湾住宅小区。帕兰蹴鞠小镇占地面积 396 亩，投资 2.1 亿元，现建成 8 片五人制足球场、2 片儿童蹴鞠场。2 片沙滩足球场、1 片齐风蹴鞠场，以及 36 座木屋，其中 2 座 500 平方米木屋、1 座 190 平方米木屋、1 座 250 平方米木屋，其余木屋均为 30 平方米和 54 平方米。国际足球学校占地面积 74.9 亩，投资 2.61 亿元。现建成教学楼 1 座（占地面积为 1 044.96 平方米，建筑面积为 6 269.76 平方米）、公寓楼 1 座（占地面积为 1 089.92 平方米，建筑面积为 6 571.20 平方米）、室内综合馆 1 座、标准足球场 2 片。

（2）主要业态产品体系

① 青少年体育培训。

帕兰蹴鞠小镇以足球为核心，根据客户群需求及分阶段市场特征，逐步开展跆拳道、舞蹈、武术、柔道等体育项目培训，并开设少儿体能、心理和行为矫正课程、身体素质达标训练课程等，逐步打造青少年体育培训综合体；并与临淄区及淄博当地学校就校园足球方面加强合作，可以考虑以免费提供足球进校园服务换取学校人群。

② 篮网运动区。

篮网运动区包括 1 片篮球场和 2 片网球场。篮网运动区主要运营目的是吸引成人群体，转化消费；主要收入来源为赛事承办、团体场地租赁等。

③ 商贸和餐饮。

园区商贸和餐饮均采取联营招商的合作形式。

#### 4.1.2.2 政府政策主导社会资本投资模式

政府政策主导社会资本投资模式是指在国家政策的大力推动下，社会资本（包括国有资本、民营资本、民间资本、外国资本等各种独立形式或组合）投资体育场馆小镇的建设和运营。该模式的优点在于：政府政策的支持可提升社会资本的投资信心和投资兴趣，有利于在体育场馆小镇（或者说城镇化）推进过程中，采用先进的管理经验和手段，更多地将市场化的手段引入，加快发展步伐。目前，我国冰雪运动场馆小镇的建设应用较多，尤其是在我国南方等不具备天然冰雪资源优势的地区使用更为广泛。地方政府和体育局管理部门更多的是引导、支持社会资本进入体育服务行业中来，投资的方向、资金、收益的分配和风险的承担均由社会资本方负责。例如，太阳谷滑雪场小镇是由联合太平洋铁路公司投资建成。但是，其场地设施的发展很大程度上依赖于联邦政府和林务局的支持，主要源于林务局将森林视为一种产品，并且极力主张在国家森林公园大力发展休闲业。随着各种山区和户外团体的娱乐活动迅速发展，相关森林服务的休闲政策也随之由联邦政府颁布实施。基于此，依托于太阳谷滑雪场的小镇服务内容才得以有效开发。该模式的缺点在于：社会资本方承担的风险较大，一旦运营效益不佳，社会资本方亏损较大，其示范效应会影响其他社会资本的再进入，不利于体育场馆小镇的可持续发展。

#### 4.1.2.3 社会组织主导区域居民共同参与模式

社会组织主导区域居民共同参与模式是指基于区域经济发展的需要和当地居民改善经济与生活条件的需要，在社会组织（通常由当地居民自发组织）的倡议和主导下，区域居民共同建设和运营体育场馆小镇。该模式的优点在于：小镇居民主动参与当地的产业发展，意愿和能力并存，有利于加速体育场馆小镇建设进程和场馆服务业的形成。以奥地利基茨比厄尔滑雪小镇为例，在基茨比厄尔当地的客栈老板弗兰茨·莱施的倡导下，基茨比厄尔村的村民共同创建了“基茨比厄尔冬季运动协会”，以协会为载体，当地居民众筹建设了基茨比厄尔滑雪小镇。该模式的缺点在于：对管理者的要求较高，尤其是“意见领袖者”的视野、资源等；容易固化参与者利益；运营手段和思路具有局限性。

#### 4.1.2.4 多元投资、运营主体混合模式

在该模式下，小镇的体育场馆设施的投资方和运营方都不再是单一的投资主体或运营主体。整体的体育场馆小镇依据区域运营内容划分，分别由不同的投资方和运营方进行管理。此外，该模式允许体育场馆的所有权在不同性质的投资主体间转移。该模式的优点在于：多元化的投资主体有利于充分获取体育场馆小镇建设和后期运营的支持资金；运营主体的多元化有利于吸收不同运营方的管理经验，对体育场馆小镇的体育设施实施分散运营。以列克星敦小镇为例，小镇主要的体育场包括红色英里赛道、基恩兰赛道和肯塔基马术公园。红色英里赛道原由肯塔基州快马育种协会赞助，随后由基恩兰公司投资改、扩建，红色英里公司负

责运营管理。基恩兰赛道由杰克·基恩所有，由基恩兰公司运营。肯塔基马术公园于1972年被玛丽·爱德华兹以270万美元的价格卖给了肯塔基州联邦政府，之后由肯塔基马术公园基金会负责运营管理该公园。该模式的缺点在于：不同的所有者和运营方在同一主题下的体育场馆小镇中并存，各方之间的经营目标可能会不一致，协调沟通成本也会相对较高。

#### 4.1.2.5 政府主导投资运营模式

政府主导投资运营模式多见于曾经举办过冬季奥运会的小镇，冬季奥运会过后，承办国通常会成立奥运遗产的运营公司，以运营管理冬奥场馆资产。该模式的优点在于：冬季奥运会直接催生了体育场馆服务业，为体育场馆小镇的创建和赛后运营提供了主导产业。例如，奥地利因斯布鲁克滑雪小镇历史悠久，建立于1239年，是国际知名的滑雪胜地。发展至今，小镇拥有6个主要滑雪区域，200千米的雪道及60余条缆车，因斯布鲁克的雪场多位于海拔2 000米以上的阿尔卑斯山，是高山滑雪爱好者的天堂。它于1964年和1976年成功举办了两届冬季奥运会，并于2012年举办了第一届青年冬季奥运会。此外，因斯布鲁克滑雪小镇还是全球最大的儿童慈善组织SOS总部和施华洛世奇水晶总部，故其具有综合的公益效益和经济效益。因斯布鲁克滑雪小镇采用的特色商业模式是“体育（滑雪）+旅游+奥运遗产营销”，小镇滑雪资源丰富，雪质和海拔及气候都十分宜人，且积雪常年不化，夏季滑雪成为因斯布鲁克小镇让竞争对手难以模仿和超越的优势。完备的基础设施建设配套优质的雪场雪道，使消费者获得较好的滑雪体验，进而多次以个人、家庭或者团队为单位来此进行消费，为因斯布鲁克滑雪小镇带来了持久稳定的收入。此外，因斯布鲁克小镇因其迷人的风光成为奥地利观光客每年到访最多的地方，是名副其实的旅游胜地。除了冬季是集中滑雪季，其一年四季发达的旅游业也为因斯布鲁克小镇带来了庞大的收益。举办过两届冬季奥运会，奥运标准的雪道和奥运文化的积淀使因斯布鲁克小镇受到专业滑雪者和滑雪学校的青睐，其专业优势也为小镇的雪场带来了许多商业合作的机会。小镇通过滑雪资源、旅游资源和奥运遗产的商业价值，建立了较为稳定的体育产业价值链，为自身的运营发展夯实基础。该模式的缺点在于：由政府倡导成立的奥运场馆遗产运营公司的专业化程度和运营经验会极大地影响运营效益和效果。如果机制不够市场化，通常会造成效益和效率的低下，运营内容的单一化。

## 4.2 机制设计

### 4.2.1 投资、融资机制

投资、融资机制是体育场馆小镇培育不可或缺的运行方式。鉴于体育场馆小镇的形成方式不同及依托场馆载体的特殊性，投资、融资机制的设计始于培育之初，贯穿于体育场馆小镇的建设和运营。投资、融资机制可以划分为两个层次：一是基于国家政策层面，从国家政策性银行、中国建设银行等获得多元化信贷金融支持，展开体育场馆小镇的基础设施和配套设施建设。二是采用市场化手段，挖掘社会资本力量，参与体育场馆小镇的建设和运营。

①PPP 模式，即政府和社会资本合作模式。自 2014 年至今，国家出台了一系列关于推行 PPP 模式的相关政策，PPP 模式的应用从政策层面逐步趋于规范化和制度化，体育场馆国家级 PPP 示范项目逐年增多，为体育场馆小镇培育打下了良好的基础。需要说明的是，体育场馆小镇 PPP 项目顺利实施需要强调以下两点：其一，项目治理机制设计的合理化。公司治理可以解决投资者按时收回投资并获得合理回报的问题[53]。就 PPP 项目而言，需要成立项目公司统一规划和实施。确定的公司治理结构需要通过完善的公司治理机制约束和激励，有利于协调体育场馆小镇培育监管部门、国有投资股东、非国有投资方、社会公众等多方利益相关者的权责关系[54]。法律、公司控制权市场、媒体等外部治理机制，以及大股东监督、董事会和监事会、经理人薪酬契约和机构投资者的角色等内部治理机制协调安排，形成公司的治理机制，保障项目的顺利实施。其二，合同契约的完备性和弹性。通常对资源交易双方而言，标准化合同是保障双方权益的重要表现形式之一。但是，标准合同更适用于资产专用性低和不确定性较小（但不是更复杂的项目）的项目[55]。然而，对资产专用性高和交易不确定性较大的体育场馆小镇 PPP 项目而言，非标准合同的使用一定程度上能够降低双方的交易成本。

②ABS（Asset - Backed Securitization）模式，即资产证券化模式。体育场馆小镇实施资产证券化是以其项目资产未来经营收入作为基础资产进行融资的活动，首要基础条件是体育场馆小镇项目资产产权归属明晰。在我国迈入新时代的大背景下，市场化改革的不可逆转的趋势，为体育场馆小镇中场馆资产和其他配套设施实施资产证券化提供了有利的制度环境。同时，诸如美国百事中小球馆（Pepsi Center）和斯台普斯中心（Staples Center）、中国国家体育场等项目相继使用资产

证券化模式为基础设施成功融资的经验，为体育场馆小镇运用资产证券化的模式提供了参考[56]。体育场馆小镇项目资产支持证券发行可以到主板市场挂牌融资。

③众筹模式。众筹是一种大众依托互联网平台，将手中资金进行汇集，用于投资由其他组织和个人发起的活动的集体行动[57]。就线上众筹而言，体育场馆小镇作为一个项目整体可以通过项目分拆实施股权众筹、债权众筹、捐赠式众筹和奖励式众筹。目前，美国凯沃斯体育场重建项目和老虎体育场、苏州的云球场均是国内外场馆运用众筹模式的典型案例[58]。同时，基于体育场馆小镇中项目最终输出产品的属性，分别采用不同的众筹类型。通常，体育场馆小镇中用于衬托或辅助体育场馆服务业有序运营的追求社会效益的公共产品适用于捐赠式众筹，由政府和社会资本等多元化主体投资的场馆等设施可以将其归入准公共产品，或者政府不介入的纯私人产品类，场馆股权众筹、场馆债权众筹、场馆奖励式众筹更适合。

综上所述，体育场馆小镇投融资体系具有双重性，但不局限于以上类别的单一融资方式。由于银行借贷、PPP 融资、ABS 融资和众筹并不存在互斥性，实践中，体育场馆小镇项目投融资通常可以根据项目融资规模和投资者类型采用不同模式的结合。

### 4.2.2 生态环保机制

生态环保机制是新时代体育场馆小镇建设需要满足的必备条件。建村〔2016〕147 号文明确提出特色小镇培育的五大要求，其中一点就是拥有“和谐宜居的美丽环境”。就体育场馆小镇而言，原始环境的绿色性、生态性，体育场馆小镇培育过程中践行人与自然和谐共生的理念，是满足人民日益增长的优美生态环境的需要，也是保证体育场馆小镇未来潜在消费群体规模扩张的前提。基于此，体育场馆小镇培育应以生态环保为导向，切实把绿色发展、低碳发展作为基本途径[59]。因此，生态机制的设立势在必行。第一，体育场馆小镇培育中的场馆、基础设施及配套设施建设应践行绿色发展理念。以场馆为例，无论是新建场馆还是场馆改、扩建，在选材中应符合国际建筑标准或国家建筑标准，适时采用膜结构，可拆卸、可再利用建筑材料。第二，在已有环境资源优势的基础上，遵循适度开发、合理开发原则，在不破坏原有生态环境的基础上，科学选择体育场馆小镇开发的范围和领域，真正践行“绿水青山就是金山银山”的理念。为此，应引入第三方环境评估机构，实现从体育场馆小镇培育之初到持续经营期间的全程跟踪，定期做体育场馆小镇环境评估报告。第三，体育场馆小镇运营期间对于资源环境破坏行为设立惩罚机制，中央政府和各级地方政府应不断完善相关的环保法律法规。场馆服务业本身是绿色产业，但是，在实际运行中，也会产生外部不经济的行为。例如，活动期间的噪声、交通拥堵、户外活动造成的环境破坏等。从小镇产业发展的角度来说，生态环境也是体育场馆小镇创新激发和小镇运作的外部支撑。丰富的自然资源使体育产业在此地的发展节约了成本且能够依靠自然资源形成产业集群，从而产生规模效应，实现资源的共同利用和信息的共享，规模性的产业聚集可以增加企业的压力，从而促进企业利用技术创新提高生产效率并降低价格，增强企业的竞争力。例如，依靠冰雪资源的河北崇礼太舞冰雪小镇、依托山地资源的浙江宁海户外运动特色小镇、开发空域资源的浙江嘉兴平湖九龙山航空体育小镇、利用水上资源的广东白鹭湖体育健康特色小镇及依托特有的红土资源建设场地的云南安宁温泉国际网球小镇。总之，生态环保机制的建立既是体育场馆小镇符合国家培育要求的必备条件、体育场馆小镇得以生存和发展不可或缺的组成部分，也是体育场馆小镇发挥区域产业优势的关键要素。

### 4.2.3 产业发展机制

产业发展机制是保障体育场馆小镇有效运行的市场机制和产业政策的总称。市场机制是体育场馆小镇中交易各方参与市场交易的内在联系。首先，体育场馆小镇需要拥有一定的市场厚度，即保证市场能够吸引来参与市场交易的潜在市场交易者（消费者和厂商）达到一定的数量。市场厚度的提升，一方面，可以借鉴国外发展经验，制定与实施基于体育场馆服务业及相关产业的潜在消费者心理及行为的精准营销策略，策划具有收益的事件；另一方面，借助物联网、云计算、大数据等实现体育场馆小镇服务业转型升级，加强智能化、信息化、数据化建设，创新运营模式，拓展服务领域，延伸配套服务，提高运营和服务供给能力[60]。其次，确保体育场馆小镇中交易各方交易行为具有安全性与简易性。产权保护程度、消费者权益保护与交易争端仲裁机制、市场信息聚合机制等越完善，交易的安全性与简易性程度也就越高。最后，预防体育场馆小镇可能出现的市场拥塞。为此，作为体育场馆小镇的运营者，在建设与开发之初，应预留弹性空间，尤其是停车场设施的配套，从而避免由于市场拥塞而出现的市场失灵问题。

体育场馆小镇看似是一个区域概念，实质上是由主导产业支撑的。基于此，体育场馆小镇内产业的发展同样需要产业政策的支持。体育场馆服务业作为体育产业“十三五”期间八大重点子产业之一，得到了国家相关政策的支持。由于各地在发展体育场馆服务业方面的侧重点不同，相关政策的支持力度也存在差异性。如果地方政府支持体育场馆小镇发展，适度的扶持政策也是体育场馆小镇得以顺利发展的必备条件。产业扶持政策可以从土地政策、财政政策、金融政策等方面着手。但是，需要注意以下几个问题：第一，土地政策的支持要设置防御条款，防止投资者打着体育场馆小镇的名义搞圈地开发，或者项目（设施）建设规模过大导致资源浪费；第二，财政政策应实施组合拳，引导基金、财政补贴、项目奖励等有选择性地组合；第三，金融政策支持应防止地方政府提供担保，以免增加地方债务风险。

### 4.2.4 文化培育机制

文化是体育场馆小镇可持续发展的内在动力，文化积淀是显示体育场馆小镇特色的重要亮点。例如，被世界誉为“滑雪胜地”的瑞士达沃斯小镇，19 世纪末建成欧洲最大的天然冰场及冰雪运动体育馆，每年均举办国际赛事。20 世纪以来，开始大力发展休闲旅游业，世界上第一条雪橇道、第一条滑雪索道、第一个高尔夫球场均在这里建成。帕森地区最大、最受欢迎的滑雪场，克罗斯特滑雪场是英国皇室的最爱。体育场馆小镇文化来源于当地体育历史文化的传承和新型体育文化的培育。新型体育文化的培育可以从以下三个方面进行。第一，打造体育场馆小镇体育制度文化，包含体育组织、章程、规则和法律制度等[61]。第二，运用各类文化形态与手段包装推广体育场馆小镇，可以借鉴美国太阳谷滑雪场发展经验，通过新闻报道、广告、仪式等形式开展。第三，创造以体育场馆小镇为题材内容的各类文化载体与文化产品。例如，既能显现小镇的历史文化，又能承载新型体育文化培育的体育博物馆。体育博物馆在体育产业发达国家是传播体育文化、彰显体育场馆特色的重要标识。

### 4.2.5 人才培养机制

体育场馆小镇的发展既需要大量的管理型人才，又需要专业技术型人才。优秀的管理可以有效地降低成本，高效地协调各个社会部门进行合作；专业技术人才可以使体育小镇发挥其独特性和创新性，符合小镇特色要求。因此，在小镇建设过程中要根据特色小镇规划，分行业调查摸清人才现状，制定相应人才结构调整对策；小镇还可以通过高级别的展销会，精准对接人才需求；在人才密集城市设立人才办事处；针对海外开展引进人才活动，发挥以企业为主体的作用，推动小镇与国内外知名企业相互合作，学习国外先进的场地规划建设、运营管理的经验，引进国内外优秀的高素质人才，形成人才集聚效应；和其他特色小镇合作或建立小镇联盟，与高等院校和科研院所建立人才共享机制；大力培养特色小镇本地人才，设立科研院所，创新人才培养机制进行科研攻关，并促进产、学、研深度融合。现阶段我国体育类企业的科研力量相对较弱，高等院校和科研机构的科研力量相对较强。以芬兰的罗瓦涅米小镇为例，拉普兰研学扮演着十分重要的角色，它为运动员提供体育研究、培训、教学和实践等专业服务，拥有从中学到大学的体育专业培训体系，培养了近300名专业运动员，而体育培训也为小镇吸引了来自全球各地的参访者。小镇还要设立人力资源服务专业机构，利用互联网大数据打造人才公共服务平台，制定相关的人才流动、激励机制；政府也要积极发挥引导作用，颁布实施相关优惠政策，对小镇引进的优秀人才在工资、住房等方面实施补贴，在医疗、子女教育等方面予以补助，这样既可以吸引社会人才的进入，又可以防止人才的流失。

### 4.2.6 监督监管机制

体育场馆小镇的监督监管机制主要包括上级部门的监管和社会的监督。上级部门的监管主要是以政府为主体，成立相关的监督管理机构，制定相关的法律法规，包括在纵向时间上，从小镇的前期规划、中期的建设到后期的运营；在横向上，从财务管理、市场营销、客户服务、环境保护等方面进行全方位立体的监管，对于违规违法现象要予以严惩，同时在不同的监管机制方面要有量化的审核标准，如可以从产业集聚程度、当地居民、消费者满意度、小镇居民人均收入变化、小镇企业经营收益变化等方面进行细致的统计和分析，从而对小镇的整体发展格局做出准确的判断和调整。对小镇的预期发展状态也要有一定的量化指标，以做到有的放矢。社会监督主要是强调广大人民群众参与小镇的建设运营。体育场馆小镇建设的本质是为人民提供宜居的生活环境，提高人们的生活品质。因此，体育场馆小镇的建设规划和相关政策的制定都应广泛地听取人民群众的诉求和意愿，鼓励广大人民群众参与小镇的建设，鼓励人民充分表达自身看法与需求，提高人民对小镇建设的参与度，加深人民的归属感。政府通过人民群众的积极参与，可以更好地实现小镇形态的多样化，能更好地塑造小镇的独特魅力。在此过程中，相关的媒体也要充分发挥舆论的监督作用，使体育场馆小镇的发展更加透明化和公开化。

# 5　体育场馆小镇培育的风险管理研究

体育场馆小镇培育的初级阶段，在国内并无经验可循，国外经验的借鉴也要视国情、区域经济发展、县情等综合因素的考虑，因此，必须做好风险识别、风险控制和风险防范，以期达到体育场馆小镇培育的预期目标和效果。

## 5.1　设计阶段风险分析与防范

### 5.1.1　选址风险与防范

选址风险是指体育场馆小镇在选址设计阶段因选址的失误，造成后续运营的一系列风险。体育场馆小镇属于专业性极强的特色小镇，主要依托体育场馆硬件而形成的体育场馆服务业，如竞赛表演、体育培训等活动。根据体育场馆小镇的区域位置、项目背景，采取因地制宜、合理利用的原则建设小镇，要服从体育场馆小镇的总体规划，兼顾与其他场馆间的关系，将社会效益、经济效益和环境效益进行综合评价和分析比较，择优而定。

以冰雪运动场馆小镇为例，冰雪运动场馆小镇的主要场地设施就是滑雪场，选址失误会导致雪场后期无法顺利地开发和运营。由于冬季项目的特殊性，在建设场馆时需要更加关注选址与自然及社会环境之间的联系，冰雪项目对气候温度的要求高，同时自然环境对场地建设的影响也很大，应选择山区及雪季较长的区域。雪场的选址要考虑地形、海拔和气候，北方有些地区山地资源及降雪量都很适合，但是偏寒冷，冬季达到零下 35 摄氏度，风也比较大，因此并不能给顾客带来很好的滑雪体验，这会制约滑雪场的进一步发展。

因此，小镇在设计阶段，要加强深度调研，通过综合企业相关部门（规划设计部、营销管理部、财务资金部等）的建议和引入专家及第三方机构的方式协助决策判断。首先，体育场馆小镇要选择已有一定数量或质量的场馆资源或是投资方有意愿进行场馆投资的地区，这样可以规避因基础设施不足而导致后续无法建设运营的风险。其次，体育场馆小镇要选择居民相对密集的城市的周边，同时也要考虑交通的便利程度，这样，能快速吸引体育人口；在资源富集的1～2平方千米的区域范围内，单点突破，以点带面，开展规模化体育服务，快速形成体育规模效应和轰动效应，然后利用周边资源，不断拓展体育业态，形成强大的体育范围效应和关联效应[62]；若离城市服务中心太远，则不利于小镇的长远发展。

### 5.1.2 土地风险与防范

土地风险主要是由于法律和政策原因而导致的合同风险、项目地块上存在制约条件引起的成本风险，以及土地性质与用地需求不匹配带来的开发风险，此类风险是导致小镇开发早期夭折的主要因素。通常打造体育场馆小镇需要配备相应的体育场馆和体育场地，因此土地需求量相对较大，这就涉及征用当地居民土地的问题，可能会面临居民不愿改造土地、反对声较大的风险。因此，需要有关部门进行走访和宣传，以得到当地居民在用地方面的支持，充分论证规划的可行性和可操作性，避免规划不落地，规避成本浪费和工期延长的风险。

### 5.1.3 政策风险与防范

政策风险是指体育场馆小镇开发建设提出的相关标准、规范和要求等政策的不持续性，以及优惠政策不能充分落实，或者地方政治生态的不稳定性对体育场馆小镇持续发展造成的风险。体育场馆小镇实质上是提供体育公共服务的平台，不仅是一项经济工程，更是一项惠民工程[63]。政府应在基础设施建设及环境开发保护等方面提供相应的政策支持，鼓励相关行业的企业投资，降低企业入驻门槛。同时，在建设审批的过程中，政府要做到简化审批流程，缩短小镇的筹备时间。

### 5.1.4 特色产业选择风险与防范

产业风险是指体育场馆小镇没有从土地资源或产业发展优势出发进行精准定位，出现房地产化或产业简单复制等现象，进而出现缺乏核心竞争力的风险。传统的体育小镇主要以冰雪、足球、自行车、马拉松等户外运动为主。体育场馆小镇将会建设室内体育馆，以减少天气及场地对运动项目的限制。但是，在场馆建设前要对体育项目进行综合考量，体育项目的选择决定了场馆能吸引的消费群体、场馆建设资金的投入、场馆长期运营的收益及场馆的维护等问题。

国内外成功的特色小镇基本都是围绕产业的差异化定位，集聚、延伸产业，提升产业竞争力。体育场馆小镇的主营业务是体育场馆服务业，因此，要围绕这个产业定位，与其他业态相结合，打造“体育场馆服务业 +”的模式，根据核心项目的市场特点，形成相对完善的产业链。例如，引进一系列体育场地建设的企业，聚集人力、技术、信息、资本等要素，实现从小镇设计规划到体育场馆建设再到后期运营服务纵向一体化的格局，在挖掘优势产业资源的同时实现其延伸产业、配套产业、服务产业的聚集，形成产业集聚，培育富有生命力的产业链。

## 5.2 建设阶段风险分析与防范

### 5.2.1 资金风险与防范

资金风险通常指实际利率或实际回报率因通货膨胀（或气候）等其他因素造成的不稳定性，体育场馆小镇在开发建设过程中，容易出现因开发主体缺乏相关投资和运营经验而造成资本远超预算或因经营不善而导致现金流短缺等风险。一方面，体育小镇建设投资规模大、周期长，必须通过一定的金融手段来解决资金问题，这就存在增加当地政府债务的风险；另一方面，由于过度开发，贪大求全造成的资金风险，造成资金链断裂。

为了避免此类风险的发生，应加强资金链的建设，拓宽融资渠道，保证建设资金的供应，积极推广政府和社会资本合作、特许经营等模式，吸引社会资本广泛参与体育场馆小镇的建设，保证资金相对充足，提高小镇建设质量。

### 5.2.2 环境风险与防范

环境风险是指体育场馆小镇在建设运营阶段由于外部环境的复杂性和变动性或对生态环境造成破坏而导致无法可持续运营的风险。体育场馆小镇对环境资源的依赖性很强，如冰雪运动场馆小镇通常是围绕山地规划设计的，雪场雪道的建设必然会涉及砍伐树木、土方填挖等工程，对生态环境造成一定的破坏。如果为了保护原始生态，不进行砍伐，使雪道的设计绕过树木，那么游客在滑雪穿行时极有可能碰到树木，出现受伤的情况。虽然越来越多的滑雪爱好者愿意享受这种冒险式的野滑，但是如果出现伤亡事故，那么小镇的声誉将会受到影响。

富有吸引力的冰雪运动场馆小镇需要优美的滑雪环境，这就需要在开发雪道时要讲究山体平衡，根据地势、地貌、当地资源来规划雪道，对林木、草坪等地貌进行修整和维护，做到在美化的基础上保护原有环境。在这点上，我国可以学习国外一些雪场的做法，开通到达山顶的公交车或者乘坐缆车上山，给游客提供最便捷的服务和最经济的方式，努力达到人类活动不破坏自然环境的理想效果。

体育场馆小镇的建设不仅要考虑空气、水资源等自然环境，而且也要考虑人文环境，同时为了吸引游客及相关企业的入驻，较好的宜居环境也是必要的。因此，在一些体育设施的建设和运动项目的设置上加强环境评估，注意生态环境的承受能力，避免过多的人工设施，控制游客数量，限定运动时空范围食品的携带等，尽可能地减少体育运动的快速发展给当地生态带来的不利影响，紧控生态环境保护的底线[62]。宜居环境与人文环境相辅相成，承载着小镇的人文精神和价值内涵。健康积极的人文环境和宜居环境能给游客带来愉悦舒适的游览体验和归属感，增加了小镇的亲和力和安全感，增强了游客的黏性，并在很大程度上提高了小镇的客流量和吸引力。

### 5.2.3 质量风险与防范

体育场馆在建设中的质量监控是必不可少的，这将影响小镇场馆后期维护的成本，所以在建设时就应该严格把控质量标准。此外，新时代体育场馆小镇的建设要考虑场馆本身建设的质量问题，场馆的集群性决定场馆之间的建设是相互关联的，个别场馆出现质量问题的维护肯定会对小镇的后期运营产生负面影响。

## 5.3 运营阶段风险分析与防范

### 5.3.1 经营风险与防范

经营风险是指由于经营者经营不善，致使体育场馆小镇运营收益受损。在运营实践中，由于运营不善而导致经营权转移的事件屡有发生。我国体育场馆小镇的市场化运作还处于探索阶段，运营内容需要不断创新，在这个过程中，需要不断地尝试和探索。如果商业化运作模式不够成熟，那么，可能会增加场馆运营预期现金流的不稳定性，进而带来风险。例如，冰雪运动场馆小镇要区别于一般滑雪场就需要突出其特点和优势，较普通的当日往返型滑雪场而言，冰雪运动场馆小镇一个特点就是夜间的运营，普通滑雪场下午 4 点就会陆续停运，而小镇正好可以填补夜间滑雪的空白，给顾客别样的滑雪体验，增加“夜经济”的消费点。再者就是提供衍生服务，冰雪运动场馆小镇可以在周围建一个水疗温泉中心，顾客可以在晚上泡温泉放松身体。还有就是建设医疗运动康复中心，冰雪项目尤其滑雪是个高危运动项目，很多人在运动过程中都会有不同程度的受伤，康复中心可以提供及时有效的医治，避免受伤程度加重。此外，冰雪运动场馆小镇还可提供商业服务，规划建设商业区，集购物、餐饮、休闲于一体，顾客在运动之余还能进行其他娱乐活动，同时也可拉动冰雪运动场馆小镇的消费。

### 5.3.2 利益相关者的利益冲突与防范

#### 5.3.2.1 政府和社会资本方之间的利益冲突与应对

新时代体育场馆小镇的发展离不开政府和社会资本方的通力合作。以体育场馆服务业为主导产业的特色小镇依赖于场馆基础设施。基于此，政府介入小镇的途径涉及政府购买体育场馆服务或者政府通过 PPP 模式参与小镇建设与运营。一方面，政府购买体育场馆服务过程中可能存在以下风险：其一，政府和体育场馆小镇场馆服务提供商之间存在信息不对称的情况，进而导致逆向选择和道德风险的产生；其二，政府单方面违约而造成购买机制不畅。另一方面，政府通过 PPP 模式参与其中，如果利益分配和风险机制不完善，可能造成政府和社会资本方之间的利益冲突。国家体育场政府所有权人和社会资本方中信联合体在国家体育场建成后运营不久便终止合作，就是一个典型案例。总之，培育以体育场馆服务业为主导的特色小镇不仅要重视资产形成，还应关注资产运营。因此，政府和社会资本方之间的利益冲突始于场馆建设之初，终于体育场馆小镇的运营。综上所述，为了在一定程度上缓解双方的利益冲突，体育场馆小镇的投融资机制、产业发展机制等机制设计之初，就要强调契约精神、体育治理的理念，明确双方的委托代理关系，通过标准合同或附加条款防范利益冲突带来的潜在风险。

#### 5.3.2.2 社会资本方和当地居民之间的利益冲突与应对

无论体育场馆小镇是一个建制镇还是一个复合地域空间，其存在的地域空间都会影响周边居民的生活和工作环境。尤其是作为建制镇的体育场馆小镇，当地居民通常会参与到小镇的运营中。但是，并不是所有的社会资本方都能够考虑到当地居民的参与意愿及小镇运营给当地居民带来的负外部性。例如，2017 年，我国某小镇出现投资方与村民之间的暴力冲突，该事件一定程度上是双方长期利益冲突的集体爆发。其后果不仅造成小镇长时间无法恢复正常运营，同时，该恶性事件也造成正在建设的小镇二期工程无法继续进行。因此，体育场馆小镇的培育成本不仅在于小镇本身建设和运营的投入，还包括小镇给所在区域带来的负外部性，如噪声、交通堵塞、污染、当地居民利益的侵占等。综上所述，为了缓解社会资本方和当地居民之间的利益冲突，体育场馆小镇培育之初，应该充分考虑生态机制、投融资机制和市场机制的合理设置，让当地居民尤其是小镇选址处于贫困地区的居民能够介入小镇的建设与运营中，让当地居民能够共享小镇的未来收益，同时，小镇当地居民及周边居民乐意承担由小镇发展带来的负外部性。

### 5.3.3 运营人才供给不足与应对

由于体育场馆小镇运营缺乏专业人才的支撑，工作人员对内部环境的认知能力和适应能力的有限性及运营团队的不稳定性会带来经营损失风险。目前我国从事体育小镇的人才严重缺失，造成许多体育小镇在后期运营方面偏离轨道。对此，国内的体育类高校在培养体育人才的同时应注重由知识型向素质型和能力型的人才转变，始终保证体育小镇具有创新活力，从而不断提升体育小镇的发展活力[64]。同时小镇要加强对全体员工的素质和技能培训，避免因员工工作失误而导致顾客投诉，给小镇的形象带来负面影响。

随着 2022 年冬季奥运会的临近，我国冰雪产业的发展必将由初级阶段进入成熟阶段，冰雪运动特色小镇将得到快速地发展。目前，我国的高素质人才大都集聚于城市，乡镇人才稀缺是制约冰雪运动特色小镇发展的重要因素。首先，综合型人才的培养存在一定的滞后性，无法适应我国冰雪产业的快速发展，高素质人才的供需矛盾日益突出；其次，部分冰雪运动特色小镇不重视高素质人才的引进，只是通过聘请经过短期培训的周边居民充当教练等手段来弥补人才匮乏的缺口，其技术水平、教练资质认定、文化程度皆难以保证，使冰雪运动特色小镇后期运营管理存在隐患；最后，冰雪运动特色小镇的建设运营周期长、盈利速度慢，并且存在季节性运营等因素，在长达半年的无雪期，部分雪场不得不积极探索高效利用闲置资源的路径，以推动雪场转型升级、四季经营，因而对冰雪运动特色小镇人才的综合素质提出了更高的要求[65]。

一方面，政府应积极发挥自身的引导作用，颁布实施相关优惠政策，对小镇引进的优秀人才在工资、住房等方面实施补贴，在医疗、子女教育等方面予以补助，这样，既可以吸引社会人才的进入，又可以防止人才的流失。同时，政府出面，推动冰雪运动小镇与高等体育院校进行深度的交流与合作，建立稳定的合作伙伴关系，既可以为高等体育院校提供冰雪比赛训练场地，以增加冰雪运动小镇的盈利收入，也可以建立高等体育院校冰雪专业学生实习基地，为学生毕业实习提供很好的基地，还可以缓解冰雪运动小镇旅游高峰期人手不足的问题。另一方面，发挥以企业为主体的作用，推动冰雪运动特色小镇与国内外知名企业相互合作，学习国外先进的场地规划建设、运营管理的经验，引进国内外优秀的高素质人才，形成人才集聚效应。

# 6 结论与建议

## 6.1 结 论

随着体育场馆服务业市场的快速扩容和体育场馆建设社会化趋势的增强，体育场馆小镇培育已成为新时代建设体育强国、加快新型城镇化、场馆服务业转型升级、场馆深化改革、体育精准脱贫的重要路径。然而，现阶段，体育场馆小镇的理论和实践都是盲区。在中国步入新时代的大背景下，以新时代我国体育场馆小镇培育模式为研究对象，探讨我国体育场馆小镇的基本理论、现状、存在的问题、国外经验借鉴、培育模式和风险，力求将理论与实践紧密结合，为打破场馆运营改革困境、挖掘体育场馆服务业潜力、提高体育场馆小镇分类供给的有效性、加速体育产业供给侧结构性改革提供思路。

①本文系统地总结了新时代体育场馆小镇的内涵、特征、构成要素、可行性与必要性，以及发展现状与存在的问题。依据住房和城乡建设部、国家发展和改革委员会、财政部联合发布的《关于开展特色小镇培育工作的通知》，结合体育场馆服务业特征，明确将体育场馆小镇分为体育场馆小城镇和体育场馆小镇两个层次，分别以体育场馆或体育场馆小镇为运营主体，以体育场馆服务业为主导，培育拥有和谐宜居的美丽环境、彰显特色的传统文化、便捷完善的服务设施和充满活力的体制机制的建制镇和不同于行政建制镇与产业园区的体育复合地域空间（或体育创新创业平台）。同时，依据我国体育场馆小镇的发展现状，提出目前的发展存在服务供给内容不足、文化底蕴不足和缺乏内涵、同质化严重、特色不突出、场馆市场开发程度低和运营负担重、产业供给与市场需求错位等问题。

②剖析国外体育场馆小镇培育案例及经验。在国外，符合体育场馆小镇内涵和特征的案例大量存在。本文对美国列克星敦小镇、圆石滩高尔夫球小镇、太阳谷滑雪场小镇、芬兰罗瓦涅米小镇、奥地利基茨比厄尔滑雪小镇、惠斯勒小镇和

加拿大班夫小镇等案例进行了分析，并分别总结了美国、欧洲国家和加拿大体育场馆小镇培育经验。本文通过对国外体育场馆小镇案例的分析，得到如下启示：以主导产业为基础，以顾客需求为导向；引入 PPP 模式，推动小镇市场化运作；举办高水平精品赛事，打造知名赛事 IP；构建“体育场馆 +”模式，实现产业深度融合。

③本文在深度剖析国外体育场馆小镇案例的基础上，阐述了新时代我国体育场馆小镇的培育模式与机制，以期为实现体育场馆服务业的产业升级、推进以场馆为抓手的新型城镇化建设提供有益的参考。第一，我国体育场馆小镇的培育模式基于运营内容和合作关系视角，着力打造以体育场馆或体育场馆小镇为运营主体的“体育场馆服务 +”模式，政府和社会资本合作模式，政府政策主导社会资本投资模式，社会组织主导区域居民共同参与模式，多元投资、运营主体混合模式，政府主导投资运营模式等。同时，本文提出了体育场馆小镇的培育机制应从投资、融资、生态环保、产业发展、文化培育、人才培养和监督监管等方面进行设计。

④本文提出了在新时代体育场馆小镇培育过程中，设计阶段、建设阶段和运营阶段所面临的潜在风险，包括选址风险、土地风险、政策风险、特色产业选择风险、资金风险、环境风险、质量风险、经营风险、利益相关者的利益冲突、运营人才供给不足等，并提出了与之相对应的防范措施，以期为体育场馆小镇培育模式和机制的推广与落地提供保护机制。

## 6.2 建　议

①伴随着体育场馆服务业市场的快速扩容和体育场馆建设社会化趋势的增强，为优化体育产业结构、打破场馆运营改革困境、挖掘体育场馆服务业潜力、提高体育经济发展水平，以体育场馆服务业为主导的特色小镇的培育迫在眉睫，我国应重视体育场馆小镇的培育。

②在借鉴国外经验的基础上，结合我国体育产业发展的阶段和实际情况，我国应合理、科学地选择培育模式和机制，以保证体育场馆小镇能够顺利落地和实现可持续发展。

③我国应总结国外具有相近内涵和特征的体育场馆小镇建设与运营的经验，为提升我国体育场馆小镇项目的成功率提供依据。

# 参考文献


［1］盛世豪，张伟明．特色小镇：一种产业空间组织形式［J］．浙江社会科学，2016（3）：36－38.

［2］何春刚．体育小镇建设中的政府职能与推进路径［J］．南京体育学院学报（社会科学版），2017，31（4）：23－27.

［3］沈克印，杨毅然．体育小镇：供给侧改革背景下体育产业跨界融合的实践探索［J］．武汉体育学院学报，2017，51（6）：56－62.

［4］司亮，王薇．我国体育小镇空间生产的理论框架及实践路径［J］．沈阳体育学院学报，2017，36（5）：53－58.

［5］吴立强．产城融合背景下我国体育小镇的发展路径分析［J］．体育成人教育学刊，2018，34（1）：58－60，81.

［6］张雷．运动休闲特色小镇：概念、类型与发展路径［J］．体育科学，2018，38（1）：18－26.

［7］张潇潇．“互联网＋”视域下的“体育小镇”构建研究［J］．南京体育学院学报（社会科学版），2017，31（4）：18－22.

［8］王志文，沈克印．产业融合视角下运动休闲特色小镇建设研究［J］．体育文化导刊，2018（1）：77－81.

［9］王志华．休闲体育小镇建设规划与运营管理［J］．当代体育科技，2017，7（36）：167－168.

［10］张立涛，周力坦，陈津．探索以“蔓藤城市”理念为指引的规划新思路：以延安新区冰雪小镇为例［J］．小城镇建设，2017（6）：83－87.

［11］陈磊，陈元欣，张强．国内外体育小镇建设启示：以湖北省为例［J］．体育成人教

育学刊，2017，33（3）：41－45.

［12］陈国强．域外经验与本土借鉴：美国体育小城研究［J］．体育成人教育学刊，2017，33（6）：1－5.

［13］FERDMANN J. Die anfänge des kurortes Davos：bis zur mitte des XIX［M］. Davos：Verlag der Davoser Revue，1938.

［14］SCHENK R. Geschichte des heilklimatischen kurortes Davos im spiegel seiner tagespublizistik［D］. Bochum：Universitätsverlag，1991.

［15］TRIET M. Davos als Zentrum［M］//HALTER E. In Davos：Profil Eines Phänomens. Zürich：Offizin，1994.

［16］SUTER F. Davos als Tuberkulose-Kurort［M］//HALTER E. Davos：Profil Eines Phänomens. Zürich：Offizin，1994.

［17］ESSON D J. Selling the alpine frontier：The development of winter resorts，sports，and tourism in Europe and America，1865－1941［D］. Dissertations & Theses－Gradworks，2011：122－124.

［18］RICKMERS R. Erinnerungen an den ausstieg kitzbühels zum weltskiplatz［Z］. Kitzbüheler Anzeige，1951.

［19］陈元欣，王健．我国公共体育场（馆）发展中存在的问题、未来趋势、域外经验与发展对策研究［J］．体育科学，2013，33（10）：3－13.

［20］孙久文．区域经济学［M］. 4版．北京：首都经济贸易大学出版社，2017：68.

［21］HIDALGO C A，KLINGER B，BARABĀSI A L，et al. The product space conditions the development of nations［J］. Science，2007，317（7）：482－487.

［22］HAUSMANN R，Klinger B. The structure of the product space and the evolution of comparative advantage［R］. Center for International Development at Harvard University，2007.

［23］邓向荣，曹红．产业升级路径选择：遵循抑或偏离比较优势：基于产品空间结构的实证分析［J］．中国工业经济，2016（2）：52－67.

［24］全国中小企业股份转让系统．信息披露［EB/OL］．［2018－08－10］. http：//www. neeq. com. cn/disclosure/overview_ information. html.

［25］国家统计局. 2016年国家体育产业总规模与增加值数据公告［EB/OL］．（2018－08－13）［2018－01－13］. http：//www. stats. gov. cn/tjsj/zxfb/201801/t20180113_ 1573014. html.

［26］胡鞍钢，方旭东．全民健身国家战略：内涵与发展思路［J］．体育科学，2016，36（3）：3－9.

［27］曾江，慈锋．新型城镇化背景下特色小镇建设［J］．宏观经济管理，2016（12）：51－56.

［28］沈克印，吕万刚．体育产业供给侧改革的现实诉求与实施策略：基于资源要素的视角［J］．西安体育学院学报，2017，34（6）：641－646.

［29］《供给侧结构性改革研究的基本理论与政策框架》课题组，马晓河，郭丽岩，等．推进供给侧结构性改革的基本理论与政策框架［J］．宏观经济研究，2017（3）：3－15，157.

［30］曹可强，徐文强．我国体育场地建设现状与发展对策［J］．上海体育学院学报，2017，41（4）：6－12.

［31］李艳丽．我国体育场馆国有资产混合所有制改革研究［J］．体育与科学，2016，37（6）：49－53，109.

［32］张冰，鞠传进，周洁璐．我国体育场馆运营业相关政策演变及建议［J］．西安体育学院学报，2017，34（1）：48－54.

［33］伍斌，魏庆华．中国滑雪产业白皮书：2018 年度报告［R］．北京：亚太雪地产业论坛，2018：6－8.

［34］河北省人民政府办公厅．河北省冰雪产业发展规划（2018—2025 年）［EB/OL］．（2018－05－20）［2018－09－13］．http：//info. hebei. gov. cn/eportal/ui？pageld＝6778557&articleKey＝6792805&columnld＝329982.

［35］太舞小镇．发现太舞［EB/OL］．［2018－10－21］．http：//www. thaiwoo. com/#.

［36］富龙·四季小镇．小镇介绍［EB/OL］．［2018－09－25］http：//www. forlongresort. cn/common2/index. aspx？nodeid＝3.

［37］陈立旭．论特色小镇建设的文化支撑［J］．中共浙江省委党校学报，2016，32（5）：14－20.

［38］戴晓玲，陈前虎，谢晓如．特色小镇社会融合状况评估：以杭州市为例［J］．城市发展研究，2018，25（1）：110－118.

［39］崔建国．我国体育小镇发展研究［J］．体育学刊，2018，25（6）：54－59.

［40］李艳丽．我国大型体育场馆财务运营及对策研究［J］．北京体育大学学报，2013，36（3）：39－43.

［41］红色英里赛道．About［EB/OL］．［2018－11－25］．https：//www. redmileky. com/.

［42］基恩兰公司．Company History［EB/OL］．［2018－11－25］．https：//keeneland. com.

［43］肯塔基马术公园．About Us［EB/OL］．［2018－11－25］．https：//kyhorsepark. com.

［44］圆石滩高尔夫小镇．Menu［EB/OL］．［2018－11－25］．https：//www. pebble-beach. com.

［45］MERGEN B. Snow in America［M］．Washington：Smithsonian Institution Press，1997：103－108.

［46］ Hayes, S P. The American people and the national forests: the first century of the U. S. forest service ［M］. Pittsburgh: University of Pittsburgh Press, 2009.

［47］ TAYLOR D. Sun Valley ［M］. Idaho: ［s. n.］, 1980: 31.

［48］ Santasport. Training Center ［EB/OL］. ［2018－10－13］. https: //santasport. fi/en/coaching－center/.

［49］ Whistler. Discover Whistler ［EB/OL］. ［2018－12－20］. https: //www. whistler. com.

［50］ Town of Banff. About Town ［EB/OL］. ［2018－12－20］. https: //banff. ca/.

［51］ 丁豪军，马星显．加拿大体育旅游小镇建设经验及对我国的启示：以班夫镇、惠斯勒小镇为例［J］．湖北体育科技，2017，37（7）：570－571.

［52］ 王灏．PPP 的定义和分类研究［J］．都市快轨交通，2004（5）：23－27.

［53］ SHLEIFER A, VISHNY R W. A survey of corporate governance ［J］. Journal of Finance, 1997, 52 (2): 737－783.

［54］ 李艳丽．国外公共服务机构资产管理及其对我国公共体育场馆改革的启示［J］．北京体育大学学报，2014，37（8）：6－11.

［55］ VAN DEN HURK M, VERHOEST K. On the fast track? Using standard contracts in public-private partnerships for sports facilities: a case study ［J］. Sport Management Review, 2016, 20 (2): 226－239.

［56］ 李艳丽．市场化改革下我国大型体育场（馆）资产证券化研究［J］．中国体育科技，2014，50（5）：126－132.

［57］ ORDANINI A, MICELI L, PIZZETTI M, et al. Crowd-funding: transforming customers into investors through innovative service platforms ［J］. Journal of Service Management, 2011, 22 (4): 443－470.

［58］ 李艳丽，李怡然．市场化改革下我国体育场馆众筹模式研究［J］．体育学刊，2017，24（3）：56－60.

［59］ 费洪平．当前我国产业转型升级的方向及路径［J］．宏观经济研究，2017（2）：3－8，38.

［60］ 柴仲学．"互联网＋"时代我国体育场馆服务转型升级的发展路径研究［J］．南京体育学院学报（社会科学版），2017，31（2）：88－92.

［61］ 郝勤．我国体育文化"十三五"规划刍议［J］．上海体育学院学报，2016，40（2）：25－28，61.

［62］ 朱洪军，张林，鲍明晓．体育小镇的国际案例分析与主要启示［J］．山东体育学院学报，2018，34（6）：28－34.

［63］侯超文，李兆进．产业集群模式下国外体育小镇发展经验借鉴：以意大利蒙特贝卢纳小镇为例［J］．福建体育科技，2019，38（1）：7－10.

［64］建筑畅言网．特色小镇的开发运营模式研究［EB/OL］．（2016－10－26）［2018－12－25］．http：//www. archcy. com，2016－10－26.

［65］部邦国，沈克印．我国冰雪特色小镇的规划建设［J］．体育成人教育学刊，2018，34（4）：13－17.